海堤波浪溢流大型水槽试验研究

潘 毅 陈永平 袁赛瑜 著

科学出版社
北 京

内 容 简 介

本书详细介绍了首次采用 1:1 比尺对海堤波浪溢流现象开展的试验研究。该试验在位于美国俄勒冈州立大学的当时北美最大的波浪水槽中进行,研究对象包括:波浪溢流引起的越堤水动力过程,以及波浪溢流对不同类型海堤内坡护坡的侵蚀破坏作用,涉及的内坡护坡方式包括碾压混凝土、铰接式护坡砖和高性能加筋草皮。本书详述了该研究的研究背景、研究现状、试验设置、数据处理和主要结论;主要成果包括:量化了不同海堤内坡护坡条件下波浪溢流的基本参数,给出了无关海堤内坡护坡种类的波浪溢流特征水力学参数估算方法,分析了波浪溢流作用下不同内坡护坡的侵蚀特征,提出了水流作用下海堤内坡侵蚀的概念模型。

本书可为海岸防灾和海岸工程领域的学者提供参考。

图书在版编目(CIP)数据

海堤波浪溢流大型水槽试验研究/潘毅,陈永平,袁赛瑜著. —北京:科学出版社,2019.11
　ISBN 978-7-03-062989-0

Ⅰ.①海… Ⅱ.①潘… ②陈… ③袁… Ⅲ.①海堤-防浪工程-波浪模型试验-研究 Ⅳ.①U656.31

中国版本图书馆 CIP 数据核字(2019)第 245879 号

责任编辑:周 炜 赵微微 / 责任校对:郭瑞芝
责任印制:吴兆东 / 封面设计:陈 敬

科学出版社 出版
北京东黄城根北街 16 号
邮政编码:100717
http://www.sciencep.com

北京中石油彩色印刷有限责任公司 印刷
科学出版社发行 各地新华书店经销

*

2019 年 11 月第 一 版　开本:720×1000　1/16
2020 年 1 月第二次印刷　印张:6 3/4
字数:136 000
定价:80.00 元
(如有印装质量问题,我社负责调换)

前　言

2005年，发生于大西洋的卡特里娜飓风使墨西哥湾沿岸的数个城市遭受了几乎毁灭性的破坏，造成的经济损失总量高达2000亿美元，成为美国历史上破坏最大的飓风，震惊了世界范围内的海岸防灾和海岸工程界。卡特里娜飓风的致灾原因之一是海堤的溃堤，据统计，仅新奥尔良市就发生了50余处海堤溃堤，大量海水从决口涌入，使整个城市陷入瘫痪。根据卡特里娜飓风后的调研，波浪溢流对海堤内坡的破坏是墨西哥湾沿岸多数海堤溃堤的罪魁祸首。波浪溢流现象是越浪与溢流的联合作用，发生于堤前水位高于堤顶时。通常来讲，波浪溢流的发生概率很低，然而一旦发生，其带来的后果往往是毁灭性的。

卡特里娜飓风后，美国国土安全部于2009~2012年斥巨资针对波浪溢流现象开展1∶1的大型水槽试验研究。水槽试验在俄勒冈州立大学当时北美最大的波浪水槽中进行，关注的重点是波浪溢流的水动力特征及其对海堤内坡的侵蚀破坏作用。该研究的早期成果以多篇学术论文的形式发表于海岸工程领域的国际知名期刊。本书的撰写人员为该研究的主要参与者，作者作为留美学生全程参与了该项研究工作，试验的早期研究成果也多数收录在作者的博士论文中。由于个人原因，当时博士论文的撰写较为仓促，留下许多需要改进的地方；另外，试验研究结束以后，作者仍在继续推进该方向的研究，继而有很多后续的研究成果产出。因此，现在重新整理该研究的相关成果，一方面把波浪溢流的相关研究系统地呈现给国内读者，另一方面也给自己一个交代，以弥补博士论文撰写仓促的遗憾。

本书系统介绍海堤波浪溢流过程的特点，给出其各项水力学参数的估算方法；讨论波浪溢流与稳定溢流的等价性，从一个巧妙的角度提出无关海堤内坡护坡种类的波浪溢流水力学参数估算方法；分析海堤内坡的碾压混凝土、铰接式护坡砖和高性能加筋草皮护坡的侵蚀特征，提出海堤侵蚀的概念模型,解释现有海堤侵蚀研究中存在的不统一之处。除此之外,因为海堤的越浪和溢流是波浪溢流研究的基础,本书对越浪和溢流的介绍也较为详细,可供相关领域的学者参考。

本书由潘毅、陈永平、袁赛瑜共同撰写完成。研究进行期间得到同济大学匡翠萍,杰克逊州立大学李琳、Farshad Amini、Hulitt Clifton、许英姿和饶欣,以及俄勒冈州立大学 Daniel Cox、Tim Maddux、Sungwon Shin、Linda Fayler 和 Jason Killian 的许多帮助,作者谨致以衷心的谢忱。本书的出版得到国家自然科学基金项目(51979098)和水利部公益性行业科研专项(201201045)的资助,在此表示衷心的感谢。

限于作者水平,本书难免存在疏漏之处,敬请读者批评指正。

谨以此书献给我刚出生的女儿。

潘 毅

2018 年 9 月 8 日凌晨

目 录

前言

第1章 引言 ··· 1
  1.1 波浪溢流 ··· 2
  1.2 本书主要内容 ··· 3
  1.3 三种海堤内坡护坡材料 ····································· 4
    1.3.1 碾压混凝土 ··· 4
    1.3.2 铰接式护坡砖 ······································· 5
    1.3.3 高性能加筋草皮 ····································· 7

第2章 海堤溢流、越浪与波浪溢流研究 ····························· 8
  2.1 溢流 ··· 8
    2.1.1 溢流量 ··· 8
    2.1.2 临界水流水深和流速 ································· 9
    2.1.3 溢流切应力 ··· 9
  2.2 越浪 ·· 10
    2.2.1 越浪过程 ·· 10
    2.2.2 平均越浪量 ·· 11
    2.2.3 越浪量分布 ·· 13
    2.2.4 越浪概率 ·· 14
  2.3 波浪溢流 ·· 15
    2.3.1 波浪溢流量 ·· 15
    2.3.2 波浪溢流量分布 ···································· 17
    2.3.3 海堤内坡上的水力学参数 ···························· 18

第3章 波浪溢流大型水槽试验 ····································· 19
  3.1 试验设计 ·· 19
    3.1.1 大水槽和海堤模型 ·································· 19

　　　　3.1.2　护坡材料的安装 ·· 21
　　　　3.1.3　试验组次 ·· 26
　3.2　数据初步处理 ·· 27
　3.3　比尺效应、模型与测量效应 ······································ 28

第 4 章　侵蚀函数测定试验 ·· 29
　4.1　侵蚀函数测定仪简介 ·· 29
　4.2　试验采样 ·· 30
　4.3　试验结果 ·· 31

第 5 章　波浪溢流的特征水力学参数 ···································· 34
　5.1　入射波浪的波高分布 ·· 34
　5.2　波浪溢流的越顶方式 ·· 36
　5.3　稳定溢流水力学参数 ·· 40
　　　　5.3.1　稳定单宽溢流量 ·· 40
　　　　5.3.2　内坡稳定水深 ·· 41
　　　　5.3.3　内坡稳定流速 ·· 42
　5.4　波浪溢流量 ··· 43
　　　　5.4.1　平均波浪溢流量 ·· 43
　　　　5.4.2　单个波浪引起的越堤流量分布 ························ 45
　　　　5.4.3　瞬时越堤流量分布 ··· 50
　5.5　内坡水力学参数 ··· 54
　　　　5.5.1　平均水深和平均流速 ······································ 54
　　　　5.5.2　波高和峰值水深分布 ······································ 55
　　　　5.5.3　均方根波高 ·· 59
　　　　5.5.4　平均波速 ··· 60
　5.6　堤顶和内坡水流紊动动能 ··· 61
　　　　5.6.1　紊动脉冲流速 ··· 62
　　　　5.6.2　紊动动能的估计 ··· 64

第 6 章　波浪溢流水力学参数的标准化分析 ························· 67
　6.1　稳定溢流量与波浪溢流量 ··· 68
　6.2　内坡稳定水深与平均水深 ··· 69

6.3　内坡稳定流速与平均流速 …………………………………… 70
第7章　海堤内坡护坡侵蚀分析与海堤侵蚀概念模型 …………… 72
　7.1　海堤内坡护坡的侵蚀特征 …………………………………… 72
　　7.1.1　碾压混凝土侵蚀特征 ……………………………………… 72
　　7.1.2　铰接式护坡砖侵蚀特征 …………………………………… 78
　　7.1.3　高性能加筋草皮侵蚀特征 ………………………………… 80
　7.2　海堤侵蚀概念模型 …………………………………………… 88
　　7.2.1　关于海堤侵蚀的两个问题 ………………………………… 88
　　7.2.2　高性能加筋草皮的侵蚀特征 ……………………………… 90
　　7.2.3　侵蚀机制和概念模型 ……………………………………… 90
　　7.2.4　高性能加筋草皮的破坏模式与测试方法 ………………… 92
参考文献 ………………………………………………………………… 95

第1章 引 言

风暴潮是指由台风、温带气旋、冷锋的强风作用和气压骤变等强烈的天气系统引起的海面异常抬升,使受其影响海域的潮位显著超过平常潮位的现象。如果风暴潮恰好与天文大潮或河口区域的上游洪水叠加,极易酿成巨大灾难。风暴潮灾害居海洋灾害之首位,世界上绝大多数极端气候事件引起的特大海岸灾害的直接原因都是风暴潮。

在孟加拉湾沿岸,1970年11月13日发生了一次震惊世界的热带气旋风暴潮,造成风暴增水超过6m,夺去了恒河三角洲一带30万人的生命,溺死牲畜50万头,使100多万人无家可归。1959年9月26日,名古屋一带遭受了日本历史上最严重的风暴潮灾害,风暴增水达3.45m,海堤短时间内被冲毁,造成了5180人死亡,受灾人口达150万,直接经济损失达852亿日元。2005年8月在美国佛罗里达州和路易斯安那州登陆的卡特里娜飓风以及由其带来的风暴潮,造成了逾2000人丧生,直接经济损失达812亿美元。

我国东南沿海地区也是风暴潮灾害频发的地区之一。据统计,1988~2004年我国平均每年因台风造成的直接经济损失高达233.5亿元,死亡人数达440人,农作物受灾面积达4323.8万亩,倒塌房屋达30.7万间。虽然近年来加强了防台预警措施,但台风所造成的破坏仍触目惊心。以2018年为例,登陆广东台山的台风"山竹"造成了超百年一遇的风暴潮位,近300万人受害,直接经济损失50余亿元。

海堤是抵御风暴潮的主要屏障之一。在传统的海堤设计中,海堤外坡都有坚固的护面措施(如混凝土、堆石、浆砌石、扭工字块、扭王字块等),但堤顶和内坡的保护容易被忽略。在全球气候变化的背景下,高强度的风暴潮更易发生。当超强风暴潮发生时,越浪和溢流产生的高速紊动水流会越过海堤堤顶,对护面系统较为薄弱的海堤内坡造成侵蚀破坏。如果越浪和溢流持续时间足够长,海堤内坡侵蚀持续发展,会危及海堤安全,造成溃堤灾害。溃堤一旦发生,则会引发灾难性的后果。2005年8月发生在墨西哥湾的卡特里娜飓风引发的风暴潮在新奥尔良市造成50余处海堤溃堤,其中有43处是由越浪、溢流或二者联合作用对海堤内坡的侵蚀破坏造成的[1]。图1.1给出了卡特里娜飓风期间一处海堤的越堤水流情况及其造成的内坡侵蚀。

(a) 越堤水流　　　　　　　　　　(b) 海堤内坡侵蚀

图1.1　卡特里娜飓风期间的越堤水流和海堤内坡侵蚀

1.1　波浪溢流

根据联合国政府间气候变化专门委员会(Intergovernmental Panel on Climate Change, IPCC)关于极端事件和灾害的专题报告[2],在全球气候变化的背景下,沿海地区的极端高水位和热带气旋的最大风速都在增加。随之而来的强风暴潮会产生更大的风暴增水和波浪,在极端条件下,海堤会同时受到越浪和溢流的双重作用。2005年卡特里娜飓风过后的研究表明,大部分海堤的破坏是由溢流和越浪联合作用于海堤内坡引起的。2008年Hughes[3]首次提出了越浪与溢流联合作用(combined wave and surge overtopping)的概念。2012年潘毅[4]将越浪与溢流联合作用称为波浪溢流。当海堤出水高度由正转负时,越浪转变为波浪溢流。有文献也将越浪与溢流联合作用称为负超高条件下的越浪,但本书认为传统意义上的海堤超高和这里用到的海堤出水高度并不完全等同,因此本书以波浪溢流来描述越浪与溢流联合作用。图1.2给出了越浪、溢流和波浪溢流的示意图。

(a) 越浪($R_c>0$)

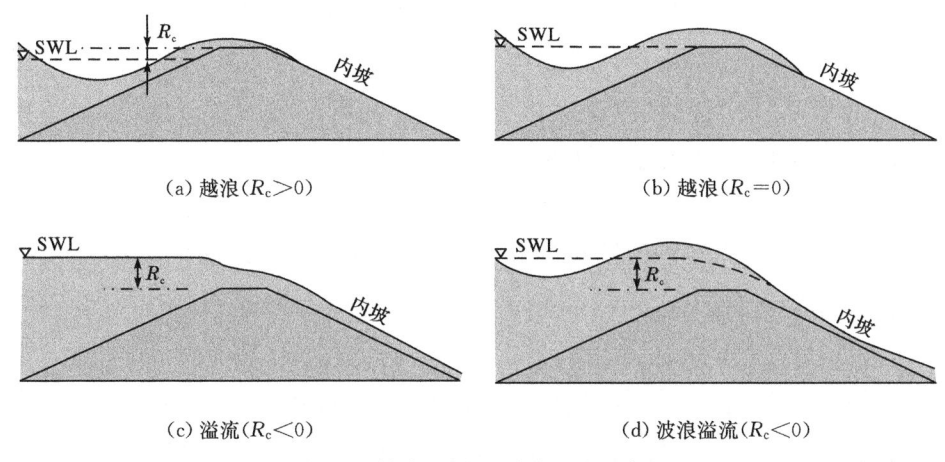

(b) 越浪($R_c=0$)

(c) 溢流($R_c<0$)

(d) 波浪溢流($R_c<0$)

图 1.2　越浪、溢流和波浪溢流示意图

R_c 为海堤出水高度；SWL 为海平面

越浪问题和溢流问题是海岸工程的经典问题，国内外学者主要基于物理试验对二者进行了大量研究工作，给出了可供海堤设计参考的经验公式。然而在全球气候变化的背景下，沿海地区的极端高水位和热带气旋的最大风速都在增加[2]；另外，软土或松散沉积物地区的海堤常发生持续沉降，引起其防洪标准的降低[5]；这两方面因素增加了波浪溢流发生的风险。21世纪以来，波浪溢流对海堤内坡的侵蚀破坏引发了数起严重的溃堤事件[6]，这使波浪溢流成为海堤设计和评估中需要考虑的因素，如何评估极端条件下波浪溢流水动力对海堤的作用也成为海岸防灾领域亟待解决的问题之一。

1.2　本书主要内容

波浪溢流现象在2005年以后逐渐受到海岸工程领域的重视，本书介绍的是2009～2012年在美国俄勒冈州立大学的大水槽针对波浪溢流过程及其对海堤内坡作用开展的1∶1大型水槽试验研究。该研究的目的在于摸清波浪溢流过程中的水动力特征，并研究波浪溢流作用下不同海堤内坡护坡材料的侵蚀特征。在超过4m高的大水槽中设置海堤断面模型，并在海堤模型的堤顶和内坡预留沟槽，以布设不同的护坡材料。该研究共进行了8组不同上游水位条件下的稳定溢流试验和24组不同入射波浪和平均海面组合下的波浪溢流试验,其间记录水动力参数和海堤模型内坡测试段的护坡侵蚀情况。该研究为国际上首次采用1∶1比尺对波浪溢流现象开展的试验研究。

本书详细介绍上述试验设置、数据分析以及研究结论。第1章为引言;第2章介绍溢流和越浪的相关研究成果,简述早期的波浪溢流研究成果并进行评价;第3章介绍波浪溢流大型水槽试验的试验设置和数据预处理方法,并讨论比尺效应、模型与测量效应;第4章介绍大型水槽试验后对高性能加筋草皮的采样和实验室小型冲刷试验;第5章通过对大型水槽试验数据的分析,提出对波浪溢流过程的认知,以及相关水力学参数的计算方法;第6章分析溢流和波浪溢流之间的等价关系,提出无关海堤内坡护坡种类的波浪溢流水力学参数的通用估算方法;第7章分析三种海堤内坡护坡材料的侵蚀特征,并在此基础上提出海堤侵蚀的概念模型和高性能加筋草皮的破坏模式与测试方法。

1.3 三种海堤内坡护坡材料

本书介绍的波浪溢流试验研究主要包括两方面:波浪溢流过程的水动力特征;不同的海堤内坡护坡材料对波浪溢流的抵御能力。本节对测试的海堤内坡护坡材料进行简单介绍。试验共测试了三种不同的海堤内坡护坡材料,包括碾压混凝土(roller compaction concrete,RCC)、铰接式护坡砖(articulated concrete block,ACB)和高性能加筋草皮(high performance turf reinforcement mats,HPTRM)。

1.3.1 碾压混凝土

碾压混凝土是一种干硬性贫水泥的混凝土,使用硅酸盐水泥、火山灰质掺和料、水、砂和分级控制的粗骨料拌制成无坍落度的干硬性混凝土,用振动碾分层压实。由于易于施工,碾压混凝土广泛应用于各种堤坝的建设、加固和维护。图1.3给出了碾压混凝土坝压实施工的示例。

最早采用碾压混凝土建造的堤坝为日本山口县新南阳市的岛地川

(a) Cold Springs 大坝　　　　　　(b) Pueblo 大坝

图 1.3　碾压混凝土坝的压实施工

坝(Shimajigawa Dam)。岛地川坝于 1976 年开工，1980 年建成。大坝建造在片岩地基上，坝高 90m，坝长 240m，具有防洪、维护河道正常过流以及为防府市和新南阳市供水的功能，经过数年蓄水使用，堤坝运转正常。美国最早使用碾压混凝土的堤坝工程为田纳西州的奥科伊 2 号大坝(Ocoee Dam No.2)修复工程。奥科伊 2 号大坝建成于 1913 年，1980 年采用碾压混凝土进行修复。修复工程用到的混凝土骨料最大粒径为 19mm，设计抗压强度为 25.9MPa。修复结束后，奥科伊 2 号大坝平均每年要经受 80 天的溢流冲刷，最严重的一次溢流为 1990 年水位高达 3.7m 的溢流，大坝表面只受到轻微的侵蚀。我国建成的第一座碾压混凝土坝是位于福建省大田县的坑口坝。坑口坝建成于 1986 年，坝高 56.8m，坝顶长 122.5m，其是以防洪为主兼有科研、灌溉、发电、供水、旅游等功能的重点中型水利工程。碾压混凝土应用于世界各地的堤坝工程，在长时间的溢流、越浪等作用下均表现出良好的抗水力侵蚀能力。

1.3.2　铰接式护坡砖

铰接式护坡砖是一种连锁型预制高强混凝土块，砖块之间通过砖块边缘的突起咬合在一起，有些种类的护坡砖块内部预留有孔洞，可使用钢缆连接，以增加护坡系统抵御大浪的能力。铰接式护坡砖还可搭配碎石和土工格栅等使用，以增加护坡系统保护土壤的能力。

本书试验采用美国 Contech 公司生产的型号为 Armorflex 70-T 的铰接式护坡砖，护坡砖的结构示意图及实物图如图 1.4 所示。单块铰接式护坡砖带有上下贯穿的孔洞，留作植被生长之用；并预留有钢缆孔洞，可用钢缆将其连接成整体铺面系统。护坡砖尺寸为44.2cm(长)×39.4cm(宽)×21.9cm(高)，单块质量为54.5～62.7kg，孔洞占总体积的20%。护坡砖的上游端比下游端低1.3cm，使水流流过单块护坡砖时有一个跌落的过程，有利于消能和海堤安全。

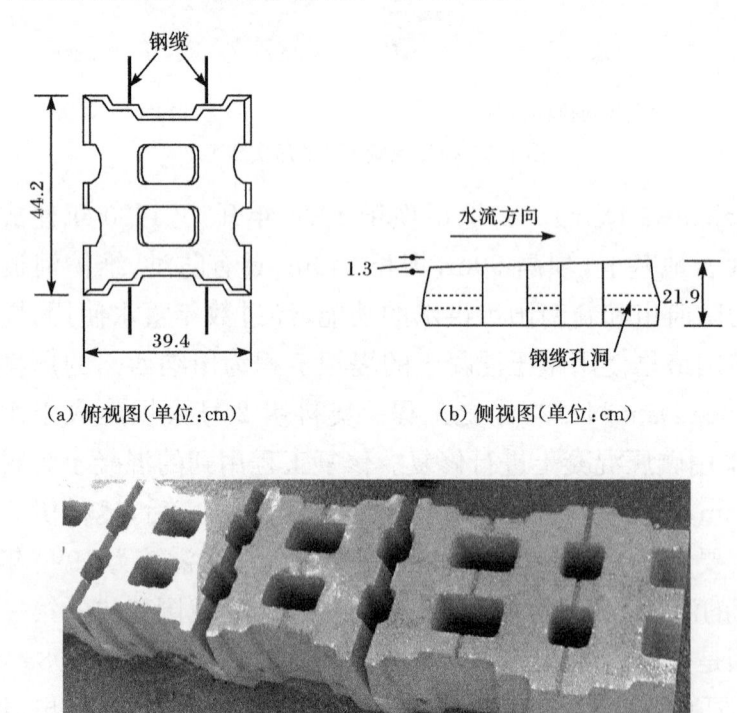

(a) 俯视图(单位：cm)

(b) 侧视图(单位：cm)

(c) 实物图

图1.4 铰接式护坡砖结构示意图及实物图

科罗拉多大学于2000年对铰接式护坡砖进行了大尺寸海堤溢流试验[7]。海堤模型为土质结构，坡度为1:2，其上依次铺设土工格栅、碎石、铰接式护坡砖。对铰接式护坡砖防护下的海堤模型分别进行上游水位(h_1)为1ft[①]、2ft、3ft、4ft的溢流试验，每组试验持续时间为4h。试验结束后，铰接式护坡砖护坡无明显破坏和移动现象。

---

① 1ft=30.48cm，下同。

1.3.3 高性能加筋草皮

加筋草皮是使用生态加筋网加筋的草皮[8]，生态加筋网通常由具有三维结构的尼龙网和聚酯纤维组成。在培植草皮前生态加筋网被预置于土壤中，在植被的生长过程中，草的根茎穿过生态加筋网生长，使土壤、植被、生态加筋网三者紧密结合在一起。随着高强度、抗老化高分子聚合物材料用于生态加筋网的生产，出现了高性能生态加筋网及高性能加筋草皮。图 1.5 给出了高性能加筋草皮的结构示意图和实物图。

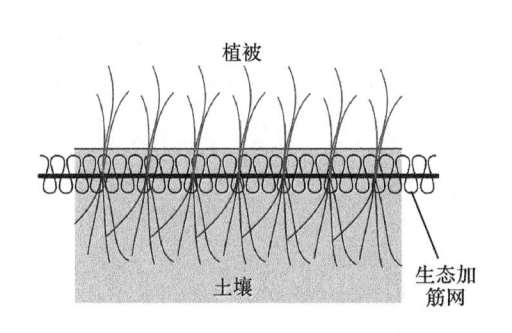

(a) 结构示意图　　　　　　　(b) 实物图

图 1.5　高性能加筋草皮的结构示意图和实物图

在加筋草皮出现之前，普通草皮护坡抵御水力侵蚀的能力非常有限。例如 Chow[9] 指出草皮护坡能承受的最大水流流速约为 2.1m/s；Chen 和 Cotton[10] 指出草皮护坡能承受的最大水流切应力约为 177Pa。然而，加筋草皮，尤其是高性能加筋草皮的出现显著提高了植被护坡的抗侵蚀能力，使草皮护坡能够在高流速和高切应力条件下很好地保护海堤。Nelson[11] 对加筋草皮进行了溢流的现场试验研究，并将加筋草皮的破坏定义为 12.7mm(0.5in①)的侵蚀，据此标准判断，Nelson 指出其测试的加筋草皮的极限切应力为 900Pa，远大于普通草皮的抗侵蚀能力，高性能加筋草皮具有较高的抗水力侵蚀能力，成为一种兼具生态性与强度的护坡方式，近年来在世界范围内得到了广泛应用。

---

① 1in＝2.54cm，下同。

第2章 海堤溢流、越浪与波浪溢流研究

海堤溢流和越浪的研究成果是波浪溢流的研究基础,也是海岸工程的经典问题,国内外学者对二者的研究相对来说较为成熟。溢流的主要参数包括溢流量、溢流流速、溢流切应力等;越浪的主要特征参数包括平均越浪量、越浪量分布、越浪概率等。本章对溢流和越浪的研究成果进行阐述,作为波浪溢流研究的背景,有助于读者理解波浪溢流的相关特征。2005年的卡特里娜飓风之后,波浪溢流现象得到海岸防护领域学者的重视,为了尽快提供其水力学参数估算方案,各国学者做了应急性研究,本章也一同予以介绍,并进行评价。

2.1 溢 流

海堤溢流是一种相对理想的情形。无波浪的情形下,当海面的静水位高于堤顶高程时(R_c<0),海堤发生溢流;当波高较小而水位高于堤顶时,可近似地认为海堤发生溢流。当溢流发生时,在海堤外坡及堤顶,海水流动为缓流;临界水流通常发生在堤顶和内坡交界处,而内坡上水流为急流(若内坡坡度非常缓,则流态也有可能一直保持缓流状态)。

2.1.1 溢流量

当海面的静水位保持不变时,溢流也会保持稳定的流量。如果海堤表面较光滑,摩擦能量损失可以忽略,溢流量可以使用广泛应用的明渠宽顶堰溢流公式来计算[12],即

$$q_s = \left(\frac{2}{3}\right)^{3/2} \sqrt{g} h_1^{3/2} \tag{2.1}$$

式中,q_s为海堤稳定单宽溢流量;g为重力加速度;h_1为海堤上游水位,

即海面静水位和堤顶高程之间的差值，$h_1 = -R_c$。

Kindsvater[13]通过研究公路路基侧坡上的坡面流，给出了表面摩擦不能忽略时的稳定单宽溢流量公式，即

$$q_s = C_f \sqrt{g} h_1^{3/2} \tag{2.2}$$

式中，C_f 为经验参数，$C_f < 0.5443$。Chen 和 Anderson[14]给出了以海堤上游水位(h_1)和海堤堤顶宽度(w)的比率(h_1/w)来估算 C_f 值的图表。

2.1.2 临界水流水深和流速

在上游水位不变的条件下，可以通过稳定流量公式来推导溢流临界水流的水深和流速。

明渠流稳定流量可以通过弗劳德数来计算，即

$$q = \sqrt{gh^3} Fr \tag{2.3}$$

式中，q 为明渠流稳定流量；h 为水深；Fr 为弗劳德数。

对于临界水流，$Fr = 1$，则式(2.3)可表示为

$$q_c = \sqrt{gh_c^3} \tag{2.4}$$

式中，q_c 为临界水流流量；h_c 为临界水流水深。

使式(2.1)和式(2.4)中的 q_s 和 q_c 相等，可得

$$h_c = \frac{2}{3} h_1 \tag{2.5}$$

有了临界水流水深后，其流速可以表示为

$$v_c = \sqrt{gh_c} \tag{2.6}$$

式中，v_c 为临界水流流速。

2.1.3 溢流切应力

沿内坡坡面任一点的溢流切应力可以使用圣维南方程组中的动量方程[15]进行离散化计算，首先沿着海堤内坡方向对其进行离散化，在每一离散单元根据重力、单元前后的压力差以及底摩阻进行推算。主坐标轴平行于无限宽坡面的动量方程为

$$\frac{\partial v}{\partial t}+v\frac{\partial v}{\partial s}+g\frac{\partial h}{\partial s}+gS_\text{f}-g\sin\beta=0 \qquad (2.7)$$

式中,v 为流速;t 为时间;s 为沿坡面方向距离;S_f 为摩擦比降,其定义为单位距离的净水头损失;β 为内坡坡角。式(2.7)可以变形为

$$S_\text{f}=\sin\beta-\frac{\partial h}{\partial s}-\frac{\partial}{\partial s}\left(\frac{v^2}{2g}\right)-\frac{\partial v}{\partial t}\frac{1}{g} \qquad (2.8)$$

基于式(2.8)可以计算任一点的摩擦比降,进而根据式(2.9)计算溢流切应力,即

$$\tau_\text{s}=\gamma_\text{w}hS_\text{f} \qquad (2.9)$$

式中,τ_s 为溢流切应力;γ_w 为水的重度。

2.2 越 浪

越浪是在风暴潮过程中的一种常见现象。风暴潮过程中,波浪在海堤上的爬高超过堤顶高程时,会越过堤顶冲刷内坡,形成越浪。少量的越浪不会危及海堤安全,我国的海堤也分为允许越浪和不允许越浪两种设计方式。

2.2.1 越浪过程

Schüttrumpf 和 Oumeraci[16]研究了波浪与海堤之间的相互作用,将越浪分为五个过程,如图 2.1 所示。图 2.1 中的五个过程分别代表:①外坡堤趾处的设计波浪;②波浪从外坡堤趾传播到破波点;③外坡上的波浪爬高与回落;④堤顶上的越浪流;⑤内坡上的越浪流。这五个过程中波浪与海堤有不同的作用方式,对每个过程的水动力特征充分了解能够帮助进一步理解波浪对海堤的侵蚀破坏作用。

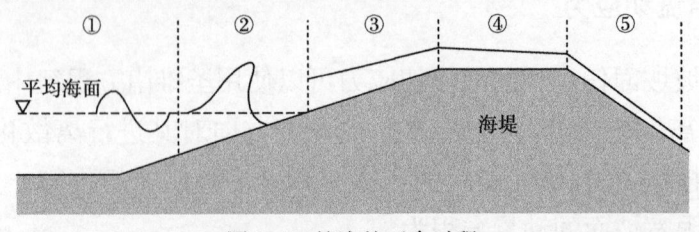

图 2.1 越浪的五个过程

Schüttrumpf 和 Oumeraci[16]通过理论分析的方法，基于 Navier-Stokes 方程给出了过程③、过程④、过程⑤中水深和流速的准解析解。本书主要研究海堤内坡的情况，因此这里仅给出内坡上流速和水深的表达式。内坡上流速和水深可以写为

$$v = \frac{v_0 + \frac{k_1 h}{f}\tanh\left(\frac{k_1 t}{2}\right)}{1 + \frac{f v_0}{h k_1}\tanh\left(\frac{k_1 t}{2}\right)} \tag{2.10}$$

$$h = \frac{v_0 h_0}{v} \tag{2.11}$$

式中，v_0 为堤顶与内坡交界处的流速；h_0 为堤顶与内坡交界处的水深；f 为底摩阻系数；k_1 和 t 可表示为

$$k_1 = \sqrt{\frac{2fg\sin\beta}{h}} \tag{2.12}$$

$$t = -\frac{v_0}{g\sin\beta} + \sqrt{\frac{v^2}{g^2\sin^2\beta} + \frac{2s}{g\sin\beta}} \tag{2.13}$$

联立式(2.10)~式(2.13)，并明确边界条件（堤顶与内坡交界处的水流参数），可求解内坡上任一时刻、任一位置的流速和水深。

2.2.2 平均越浪量

越浪量是海堤设计最重要的参数之一，也是海堤越浪研究最为集中的领域。

1980年，Owen[17]通过一系列水槽试验，给出了梯形断面不透水海堤的无量纲平均越浪量（Q_O）与无量纲出水高度（R_O）之间的关系，即

$$Q_O = \frac{q_w}{gH_s T_{m0}} = a_O \exp(-b_O R_O) \tag{2.14}$$

$$R_O = \frac{R_c}{T_{m0}\sqrt{gH_s}} \tag{2.15}$$

式中，a_O 和 b_O 是与海堤剖面形状相关的经验参数，Owen 对此给出了详细的计算方法；q_w 为平均单宽越浪量；H_s 为入射有效波高；T_{m0} 为基于波浪谱零阶矩计算的平均周期。式(2.14)和式(2.15)的适用范围为

$0.05 < R_O < 0.3$。

基于 Owen 的试验数据，Hedges 和 Reis[18]建立了一个回归模型用来估算平均越浪量。该模型考虑了两个约束：当海堤出水高度很大时，越浪量为 0；当海堤出水高度为 0 时，越浪量为一个较大的有限值，得到的经验公式可表示为

$$Q_H = \frac{q_w}{\sqrt{g(CH_s)^3}} = A\left(1 - \frac{R_c}{CH_s}\right)^B \tag{2.16}$$

式中，Q_H 为无量纲越浪量；A 和 B 为回归系数；C 为在外坡上最大波浪爬高和入射有效波高之比。

Ward 和 Ahrens[19]基于大量已有越浪试验数据开展研究，将越浪试验数据根据入射波浪条件和海堤剖面形状分为 7 组，分别进行回归分析，给出了梯形截面海堤平均越浪量的计算公式，即

$$\frac{q_w}{\sqrt{gH_{m0}^3}} = C_0 \exp\left[\frac{C_1 R_c}{(H_{m0}^3 L_0)^{1/3}}\right] \exp(C_2 m) \tag{2.17}$$

式中，H_{m0} 为基于波浪谱的入射有效波高；L_0 为深水波长；m 为海堤外坡坡度的倒数；C_0、C_1 和 C_2 为经验参数，由入射波条件和海堤剖面形状决定，Ward 和 Ahrens 给出了 C_0、C_1 和 C_2 的具体计算方法。

van der Meer 和 Janssen[20]的公式广泛应用于工程设计。该公式也是基于大量的试验数据分析得到的，并分破碎波和非破碎波给出，二者通过 Iribarren 数（ξ_p）来区分。

对于破碎波（$\xi_p < 2$），有

$$Q_v = \frac{q_w}{\sqrt{gH_s^3}} \frac{\sqrt{\tan\alpha}}{\xi_p} = 0.06 \exp\left(-5.2 \times \frac{R_c}{H_s \xi_p} \frac{1}{\gamma_r \gamma_b \gamma_h \gamma_\beta}\right) \tag{2.18}$$

对于非破碎波（$\xi_p \geqslant 2$），有

$$Q_v = \frac{q_w}{\sqrt{gH_s^3}} = 0.2 \exp\left(-2.6 \times \frac{R_c}{H_s} \frac{1}{\gamma_r \gamma_b \gamma_h \gamma_\beta}\right) \tag{2.19}$$

式中，Q_v 为无量纲越浪量；α 为外坡坡角；γ_r 为与表面摩擦力相关的回归系数；γ_b 为与外坡平台相关的回归系数；γ_h 为与堤前水深相关的回归系数；γ_β 为与波浪入射角度相关的回归系数；ξ_p 为基于谱峰周期计算的 Iribarren 数，定义为

$$\xi_p = \frac{\tan\alpha}{\sqrt{H_s/L_p}} \tag{2.20}$$

式中，L_p 为基于谱峰周期的深水波长，定义为

$$L_p = \frac{g}{2\pi}T_p^2 \tag{2.21}$$

式中，T_p 为谱峰周期。

《欧洲越浪手册》(EurOtop)于 2007 年和 2016 年进行了两次修订[21,22]，均参考 van der Meer 和 Janssen 公式的形式给出推荐公式。

此外，也有学者针对海堤出水高度为 0 时($R_c=0$)的特定情形研究海堤的平均越浪量，如 Schüttrumpf 等[23]给出的公式，即

$$\frac{q_w}{\sqrt{gH_{m0}^3}} = 0.0537\xi_{m-1,0}, \quad \xi_{m-1,0} < 2.0 \tag{2.22}$$

$$\frac{q_w}{\sqrt{gH_{m0}^3}} = 0.0136 - \frac{0.226}{\xi_{m-1,0}^3}, \quad \xi_{m-1,0} \geqslant 2.0 \tag{2.23}$$

式中，$\xi_{m-1,0}$ 为基于波浪谱负一阶矩和零阶矩平均周期($T_{m-1,0}$)计算的 Iribarren 数。

我国学者对越浪量问题也开展了大量的物理模型和数值模拟研究。20 世纪 90 年代，虞克和余广明[24]、王红等[25]分别进行了不同结构型式海堤的越浪试验研究，提出了相应的平均越浪量公式。近年来，研究人员主要针对不同条件下的具体越浪问题开展了研究，如护面型式[26]和海堤断面[27]对波浪爬高和越浪量的影响等。

2.2.3 越浪量分布

平均越浪量是海堤越浪的重要参数，然而单靠平均越浪量并不能完全反映海堤越浪过程的流量特征。单个波浪引起的单次越浪量同样是海堤设计所需考虑的重要参数。van der Meer 和 Janssen[20]使用形状因子为 0.75 的韦伯分布来描述单个波浪越浪量的分布，概率分布函数为

$$P_V = P(V_i \leqslant V) = 1 - \exp\left[\left(-\frac{V}{a}\right)^b\right] \tag{2.24}$$

式中，P_V 为每一个单独的波浪产生的单宽越浪量 $V_i \leqslant V$ 的概率；b 为韦伯分布的形状因子，取 0.75；a 为韦伯分布的尺度因子，计算公式为

$$a = 0.84 \frac{T_m q_w}{P_{ow}} \tag{2.25}$$

式中，T_m 为平均周期；P_{ow} 为越浪概率。

Victor 等[28]对韦伯分布形状因子的取值进一步细化，在不同波况（$0.10 < R_c/H_{m0} < 1.69$）和海堤断面形状（$0.36 < \cot\alpha < 1.69$）下进行了一系列水槽试验，给出了考虑波况和外坡坡角的形状因子表达式，即

$$b_V = \exp\left(-2.0 \frac{R_c}{H_{m0}}\right) + (0.56 + 0.15 \cot\alpha) \tag{2.26}$$

式中，b_V 为考虑波况和外坡坡角的韦伯分布形状因子。

Pullen 等[21]指出，在浅水条件下韦伯分布形状因子的数值会增大。Nørgaard 等[29]在 Victor 公式的基础上，提出了修正参数以更精确地估计浅水条件下的韦伯分布形状因子，计算公式为

$$b = b_V C_{N1} \tag{2.27}$$

式中，C_{N1} 为修正因子，计算公式为

$$C_{N1} = \begin{cases} 1, & H_{m0}/H_{1/10} \leqslant 0.848 \text{ 或 } H_{m0}/h \leqslant 0.2 \\ -10.8 + 13.9 \dfrac{H_{m0}}{H_{1/10}}, & H_{m0}/H_{1/10} > 0.848 \text{ 且 } H_{m0}/h > 0.2 \end{cases} \tag{2.28}$$

式中，$H_{1/10}$ 为入射波浪的十分之一大波波高；h 为堤前水深。

2.2.4 越浪概率

越浪概率是指发生越浪的波浪个数与入射波浪总个数之比，可表示为

$$P_{ow} = \frac{N_{ow}}{N_w} \tag{2.29}$$

式中，P_{ow} 为越浪概率；N_{ow} 为发生越浪的波浪个数；N_w 为入射波浪总个数。

Besley[30]基于水槽试验给出了斜坡式海堤越浪概率的估算方法，可表示为

$$P_{\text{ow,B}}=\begin{cases}55.41Q_{\text{B}}^{0.634}, & 0<Q_{\text{B}}<0.008\\ 2.502Q_{\text{B}}^{0.199}, & 0.008\leqslant Q_{\text{B}}<0.01\\ 1, & Q_{\text{B}}\geqslant 0.01\end{cases} \quad (2.30)$$

式中,$P_{\text{ow,B}}$ 为 Besley 给出的越浪概率;Q_{B} 为无量纲越浪量,定义为

$$Q_{\text{B}}=\frac{q_{\text{w}}}{T_{\text{m}}gH_{\text{s}}} \quad (2.31)$$

Nørgaard 等[29]在 Besley 公式的基础上,进一步考虑波况和堤前水深的影响,提出了修正参数以更精确地估算越浪概率,计算公式为

$$P_{\text{ow}}=P_{\text{ow,B}}C_{\text{N2}} \quad (2.32)$$

式中,C_{N2} 为修正因子,计算公式为

$$C_{\text{N2}}=\begin{cases}1, & H_{\text{m0}}/H_{1/10}\leqslant 0.848 \text{ 或 } H_{\text{m0}}/h\leqslant 0.2\\ -6.65+9.02\dfrac{H_{\text{m0}}}{H_{1/10}}, & H_{\text{m0}}/H_{1/10}>0.848 \text{ 且 } H_{\text{m0}}/h>0.2\end{cases}$$

$$(2.33)$$

《欧洲越浪手册》(第二版)[22]提供了另外一种计算越浪概率的方法,计算公式为

$$P_{\text{ow}}=\exp\left[-\left(\sqrt{-\ln 0.02}\frac{R_{\text{c}}}{R_{\text{u2\%}}}\right)^{2}\right] \quad (2.34)$$

式中,$R_{\text{u2\%}}$ 为 2%波浪爬高高度。

2.3 波浪溢流

21 世纪之前海岸工程领域对波浪溢流的关注相对较少。近年来,几次超强风暴潮(如 2005 年的卡特里娜飓风风暴潮)引起的波浪溢流造成了严重的溃坝灾害,海岸工程领域的学者开始针对波浪溢流现象开展研究工作。

2.3.1 波浪溢流量

波浪溢流量是指波浪溢流引起的平均单宽越堤流量,是波浪溢流与海堤防护相关的最重要的水力学参数。

2007年出版的《欧洲越浪手册》(第一版)[21]最早提出了波浪溢流量计算方案,波浪溢流量被分为两部分计算:稳定单宽溢流量(q_s)和海堤出水高度为0时的平均单宽越浪量(q_w),平均单宽波浪溢流量(q_{ws})为两者的线性叠加,可表示为

$$q_{ws}=q_s+q_w \tag{2.35}$$

式中,q_s由式(2.2)计算,q_w由式(2.22)和式(2.23)计算。

然而,由于溢流与越浪之间的相互作用是非线性的,式(2.35)必然存在一定误差。只是当卡特里娜飓风发生之后,在对海堤进行评估和加固时缺少波浪溢流量的估算方式,故将式(2.35)用作应急估算方法。

2008年,Reeve等[31]基于雷诺平均的Navier-Stokes方程建立了数值水槽来研究不可渗透海堤的波浪溢流量。通过模拟海堤的溢流、越浪,并将模拟结果与试验观测值、近似解析解和经验公式计算结果相比较,对数值水槽进行验证。随后使用该数值水槽对一系列不同波况和上游水位组合条件下的波浪溢流过程进行模拟,基于模拟结果给出了无量纲波浪溢流量的表达式。

对于破碎波($\xi_p<2$),有

$$Q_R=\frac{q_{ws}}{\sqrt{gH_s^3}}\frac{\sqrt{\tan\alpha}}{\xi_p}=0.051\exp\left(-1.98\frac{R_c}{H_s\xi_p}\right) \tag{2.36}$$

对于非破碎波($\xi_p\geqslant2$),有

$$Q_R=\frac{q_{ws}}{\sqrt{gH_s^3}}=0.233\exp\left(-1.29\frac{R_c}{H_s}\right) \tag{2.37}$$

式中,Q_R为无量纲波浪溢流量,在van der Meer和Janssen[20]使用的无量纲越浪量(Q_v)的基础上用平均单宽波浪溢流量(q_{ws})代替平均单宽越浪量(q_w)得到。式(2.36)和式(2.37)的适用范围为$-0.8\leqslant R_\xi<0$,R_ξ为考虑Iribarren数的无量纲出水高度,定义为

$$R_\xi=\frac{R_c}{H_s\xi_p} \tag{2.38}$$

Reeve等首次较为系统地对波浪溢流现象进行研究,并提出估算波浪溢流量的经验公式。但根据与之后进行的水槽试验结果(如Hughes和Nadal的试验[32]、本书介绍的试验[33]等)相比较,其经验公式对波浪

溢流量有所高估；其原因可能是 Reeve 等采用的研究方法为数值水槽，而数值水槽的率定和验证是根据溢流和越浪进行的，因此并不能完全反映波浪溢流的水动力特征。

2009 年，Hughes 和 Nadal[32] 进行了一系列波浪溢流水槽试验，在几何比尺为 25:1 的梯形截面海堤模型上共进行了 27 组波浪溢流试验，给出了利用海堤的相对出水高度（R_c/H_{m0}）来估算波浪溢流量的方法，可表示为

$$\frac{q_{ws}}{\sqrt{gH_{m0}^3}} = 0.034 + 0.53 \left(\frac{-R_c}{H_{m0}}\right)^{1.58} \quad (2.39)$$

Hughes 和 Nadal 的水槽试验得到了较为合理的试验结果，式(2.39)的估算结果和本书介绍的 1:1 大型水槽试验中内坡护坡材料为碾压混凝土条件下的试验结果吻合较好。

2.3.2 波浪溢流量分布

Hughes 和 Nadal[32] 的水槽试验研究还给出了单个波浪引起的越堤流量及瞬时流量过程分布的估算方法。Hughes 和 Nadal 沿用了 van der Meer 和 Janssen[20] 研究越浪的方法，采用式(2.24)所示的双参数韦伯分布来描述波浪溢流过程中单个波浪引起的越堤流量以及瞬时越堤流量过程分布，并给出了对应韦伯分布尺度因子和形状因子的估算方法。

对于单个波浪引起的越堤流量，其韦伯分布的尺度因子（a）和形状因子（b）可表示为

$$a = 0.79 q_{ws} T_p \quad (2.40)$$

$$b = 15.7 \left(\frac{q_s}{gT_p H_{m0}}\right)^{0.35} - 2.3 \left(\frac{q_s}{\sqrt{gH_{m0}^3}}\right)^{0.79} \quad (2.41)$$

式中，q_s 为同等海堤出水高度（R_c）时，无波浪情况下的稳定单宽溢流量，可由式(2.2)计算。

对于瞬时越堤流量，其韦伯分布尺度因子（a）和形状因子（b）可表示为

$$a = \frac{q_{ws}}{\Gamma\left(1+\dfrac{1}{b}\right)} \quad (2.42)$$

$$b = 8.10 \left(\frac{q_s}{gT_p H_{m0}}\right)^{0.34} \quad (2.43)$$

式中，q_s为同等海堤出水高度（R_c）时，无波浪情况下的稳定单宽溢流量，可由式(2.2)计算；Γ为伽马函数。

Hughes 和 Nadal 的研究结果对本书介绍的试验研究具有重要的启发作用。本书通过进一步划分波浪溢流的类型，在式(2.40)～式(2.43)的基础上进一步提高了估算精度。

2.3.3 海堤内坡上的水力学参数

波浪溢流引起海堤溃堤的主要原因之一是对海堤内坡的侵蚀破坏，因此需要研究波浪溢流过程中海堤内坡上的水力学参数。Hughes 和 Nadal[32]通过试验研究给出了海堤内坡平均流速、均方根波高、平均波速的计算方法。

海堤内坡平均流速的计算公式为

$$v_m = 2.5 (q_{ws} g \sin\beta)^{1/3} \quad (2.44)$$

式中，v_m为海堤内坡平均流速。

海堤内坡均方根波高的计算公式为

$$\frac{H_{rms}}{d_m} = 3.43 \exp\left(\frac{R_c}{H_{m0}}\right) \quad (2.45)$$

式中，H_{rms}为海堤内坡均方根波高；d_m为内坡平均水深，可用平均单宽波浪溢流量（q_{ws}）除以海堤内坡平均流速（v_m）得到。

海堤内坡平均波速可以在对内坡均方根波高（H_{rms}）估算的基础上进行计算[32]，计算公式为

$$v_w = 3.85 \sqrt{gH_{rms}} \quad (2.46)$$

式中，v_w为海堤内坡平均波速。

第 3 章 波浪溢流大型水槽试验

本章介绍波浪溢流大型水槽试验的试验设计、仪器布置、方案设计和数据的初步处理,并讨论模型的比尺效应和模型与测量效应。

3.1 试验设计

大型水槽试验主要针对两个研究目标进行设计:波浪溢流的基本水动力特征,以及波浪溢流作用下海堤内坡护坡的侵蚀特征。

3.1.1 大水槽和海堤模型

波浪溢流大型水槽试验在美国俄勒冈州立大学 Hinsdale 波浪研究实验室(Hinsdale Wave Research Laboratory,HWRL)的大水槽(large wave flume,LWF)进行,如图 3.1 所示。大水槽长 104m,宽 3.7m,高 4.57m,配有活塞式造波机,可生成规则波或基于给定波浪谱生成随机波。

图 3.1 美国俄勒冈州立大学 Hinsdale 波浪研究实验室的大水槽

在距造波机 44.28m 处按照 1∶1 的试验比尺布置海堤模型。如图 3.2 所示,海堤模型高度为 3.25m,外坡坡度为 1∶4.25,内坡坡度为

1∶3。海堤模型采用混凝土建造,其堤顶和内坡留有深 0.76m、宽 2.34m 的测试区,用来安装不同的护坡材料。在海堤模型上游段安装 4 个电容式波高仪。波高仪 2～波高仪 4 作为一个三波高仪阵列,用来进行波浪的入反射分离,波高仪 1 作为备用。波高仪 2～波高仪 4 距造波机的距离分别为 28.72m、31.77m 和 32.38m。在波高仪 3 和波高仪 4 之间安装 1 个超声波水位仪,用来校正波高仪的读数。

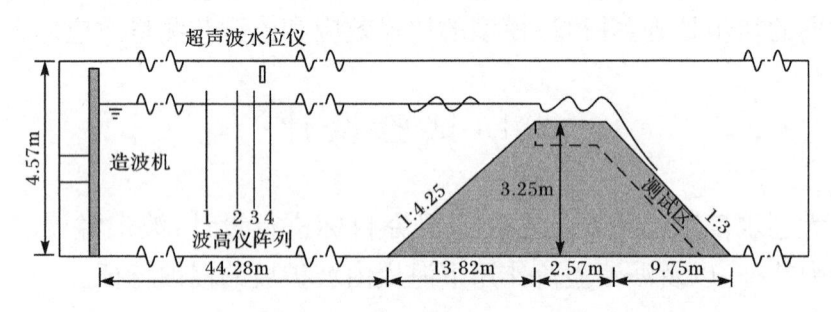

图 3.2　大水槽和海堤模型

在海堤模型堤顶和内坡的 5 个测点处安装声学多普勒流速仪(acoustic Doppler velocimetry,ADV)和超声波水位仪(acoustic range finder,ARF),如图 3.3 所示。P1 点到 P4 点各安装一台侧视 ADV 和一台俯视 ADV(Nortek Vectrino);P5 点由于掺气水流、波浪破碎等因素,ADV 无法测得有效数据,故未安装。俯视 ADV 测量点在探头下 5cm 处,而探头必须被淹没才能测到有效数据,故当水深很浅无法淹没探头时仪器无法进行测量;侧视 ADV 测量点在探头侧面 5cm 处,可贴底放置测量近底流速。在每个测点,俯视 ADV 探头安装在距海堤模型表面 8cm 处,测量距海堤模型表面 3cm 处流速;侧视 ADV 探头安置在距海堤模型表面 0.5cm 处,测量距海堤模型表面 0.5cm 处的流速。在 P1 点、P3 点、P4 点、P5 点安装 ARF(Senix TS-30S1)进行水位测量。

通过 4 个水泵来提供平衡波浪溢流量所需的回水能力,每个水泵能提供的最大流量为 0.252m³/s(4000gal/min);采用 4 根直径为 0.305m 的钢管贴大水槽侧壁绕过海堤模型来提供回流。

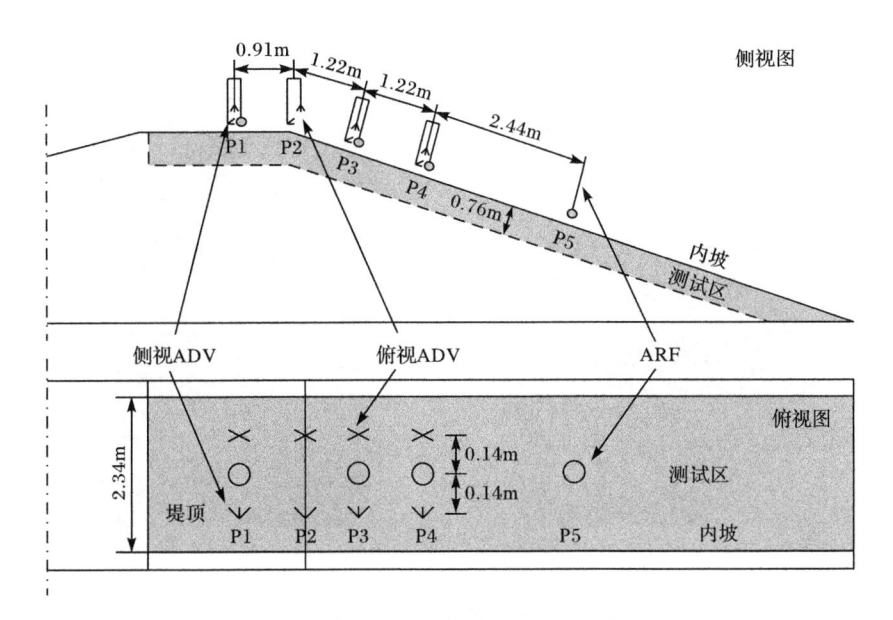

图 3.3 ADV 和 ARF 布置

3.1.2 护坡材料的安装

在水槽试验的不同阶段,在海堤模型内坡的测试区分别按照工程标准安装碾压混凝土、铰接式护坡砖和高性能加筋草皮三种护坡材料,进行不同波况和上游水位组合下的冲刷试验。

1. 碾压混凝土

在测试区内部由下而上依次铺设 45cm 的黏土层和 30cm 的碾压混凝土层。碾压混凝土配料包括砂(密度 1050kg/m³)、碎石骨料(密度 1030kg/m³,平均粒径 19mm)、火山灰(密度 270kg/m³)和硅酸盐水泥(密度 60kg/m³)。碾压混凝土由混凝土卡车运至实验室,由装卸机装进测试区,整个运输和安装过程在 45min 内完成。由手动推进的单鼓震动压实器进行压实,推进速度不大于 0.8m/s。压实之后混凝土表面由塑料薄膜覆盖进行 14 天养护。压实和养护过程如图 3.4 所示。

试验结束之后对碾压混凝土进行采样,样品如图 3.5 所示。样品送至美国橡树岭国家实验室对其物理和力学性质进行测试,测试标准

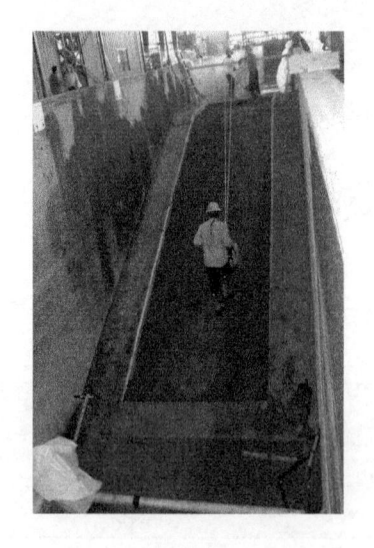

(a) 压实　　　　　　　　　　　　(b) 养护

图 3.4　碾压混凝土的压实和养护

和测试结果见表 3.1。劈裂抗拉强度测试按照美国材料与试验协会（American Society for Testing and Materials, ASTM）的 C496 标准（ASTM C496），抗压强度测试按照美国材料与试验协会的 D42 标准（ASTM C42），重度测试按照美国材料与试验协会的 D6684 标准（ASTM D6684）。

图 3.5　碾压混凝土样品

表 3.1　碾压混凝土的物理和力学性质及测试标准与测试结果

物理和力学性质	测试标准	测试结果
劈裂抗拉强度/MPa	ASTM C496	2.6±0.3
抗压强度/MPa	ASTM C42	22.7±3.4
重度/(kN/m^3)	ASTM D6684	21.2±0.4

2. 铰接式护坡砖

在测试区的黏土上方首先铺设土工布,土工布上铺设碎石;经过压实之后,在碎石上方铺设土工网格,防止波浪溢流过程中碎石被水流从铰接式护坡砖的孔洞中带走;最后在土工网格上方铺设铰接式护坡砖。铺设铰接式护坡砖时,相邻的两排护坡砖错开半块的距离,利用护坡砖前后两端的突起来限制相邻排护坡砖的横向移动,达到铰接的目的;此外,在护坡砖的纵向(沿水流方向),在预留的孔洞中穿入钢缆将护坡砖连成一个整体。铰接式护坡砖护坡的安装过程如图 3.6 所示。

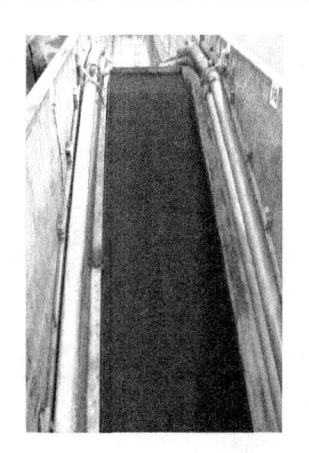

(a) 土工布上方铺设碎石　　(b) 碎石上方铺设土工网格　　(c) 铺设铰接式护坡砖

图 3.6　铰接式护坡砖护坡的安装

试验结束之后,将铰接式护坡砖送至美国橡树岭国家实验室对其物理和力学性质进行测试,测试标准和测试结果见表 3.2。抗剪强度测试按照美国材料与试验协会的 D5607 标准(ASTM D5607),抗压强度测试按照美国材料与试验协会的 C42 标准(ASTM C42),重度测试按照美国材料与试验协会的 D6684 标准(ASTM D6684)。

表 3.2　铰接式护坡砖的物理和力学性质及测试标准与测试结果

物理和力学性质	测试标准	测试结果
抗剪强度/MPa	ASTM D5607	1.5 ± 0.6
抗压强度/MPa	ASTM C42	48.8 ± 3.7
重度/(kN/m^3)	ASTM D6684	20.9 ± 0.3

3. 高性能加筋草皮

培植高性能加筋草皮所用的生态加筋网采用美国Colbond公司生产的型号为Enkamat R30的产品。高性能加筋草皮由美国杰克逊州立大学在Colbond公司技术人员的帮助下在密西西比州种植。培植高性能加筋草皮用到的草种为墨西哥湾沿岸海堤上常用的狗牙根草（Bermuda grass）。高性能加筋草皮种植在一个铁制框架内，以便于安装与运输。培植前，在铁制框架内铺设厚20cm的黏土并轻度夯实，然后在上面覆盖生态加筋网，最后播种，令狗牙根草穿过生态加筋网生长。在草皮生长期间，使用液肥喷洒机、定时增加土壤、每日浇水、每周除杂草等手段保证草皮的生长质量。铁制框架、高性能加筋草皮的培植和生长过程如图3.7所示。在试验开始半年前培植高性能加筋草皮，经过半年的生长期后，草皮达到成熟期，植株高度达到0.3m。

(a) 铁制框架制作 　　　　　　　　(b) 3个月后

(c) 4个月后 　　　　　　　　(d) 5个月后

图3.7　高性能加筋草皮的培植与生长过程

在试验进行的前一天，用卡车将培植好的高性能加筋草皮运送至美国俄勒冈州立大学的Hinsdale波浪研究实验室，为了防止运送途中

草皮受到美国北方寒冷气候的伤害,在卡车上为其设置了自然光照明系统和暖气系统。利用吊车将高性能加筋草皮框架放置于海堤模型内坡的测试区,如图3.8所示。高性能加筋草皮框架边缘和测试区的边缘之间采用木板密封,防止试验中发生水流渗漏。

图3.8 高性能加筋草皮框架的安装

由于试验选用的狗牙根草为美国南部墨西哥湾沿岸生长的草类,对温度及光照有较高的要求,而本试验在11月的美国俄勒冈州室内进行,光照及温度达不到狗牙根草保持良好存活状态所需的条件,因此在试验间隙为草皮搭建温室,使用自然光谱光源和暖气为草皮提供存活所需的光照与温度,如图3.9所示。

(a) 利用水槽建立温室　　　　　(b) 自然光谱光源和暖气

图3.9 试验间隙对草皮的保护

培植高性能加筋草皮用到的生态加筋网(Enkamat R30)样品送至美国橡树岭国家实验室进行测试。测试按照美国材料与试验协会的测试标准进行,测试标准和测试结果见表3.3。单位面积质量测试按照美国材料与试验协会的 D6566 标准(ASTM D6566)进行,极限抗拉强度、2%定伸应力、拉断延伸率测试均按照美国材料与试验协会的 D6637 标准(ASTM D6637)进行,弹性强度测试按照美国材料与试验协会的 D6524 标准(ASTM D6524)进行。

表 3.3　生态加筋网的物理和力学性质及测试标准与测试结果

物理和力学性质	测试标准	测试结果
单位面积质量/(g/m^2)	ASTM D6566	665.6±31.6
极限抗拉强度/(kN/m)	ASTM D6637	34.2±0.6
2%定伸应力/(kN/m)	ASTM D6637	326.6±5.9
拉断延伸率/%	ASTM D6637	13.0±0.2
弹性强度/%	ASTM D6524	67.9±2.6

3.1.3　试验组次

本书进行 8 组溢流试验和 24 组波浪溢流试验,见表 3.4。试验期间,海堤内坡护坡材料的测试顺序依次为碾压混凝土、铰接式护坡砖和高性能加筋草皮,安装每种护坡材料之后,先进行溢流试验,然后再进行对应的波浪溢流试验。波浪溢流试验中的波浪序列根据 TMA 谱(Texel-Marsden-Arsloe 谱,为一种改进的 JONSWAP 谱,更适用于过渡水深的情形)生成。所有仪器的采样频率为 50Hz,在推波板启动时开始记录数据。

表 3.4　试验组次

试验类别	海堤内坡护坡	试验组次	R_c/m	H_{m0}/m	T_p/s	试验时长/min
溢流试验	碾压混凝土	1	−0.151	—	—	15
	碾压混凝土	2	−0.148	—	—	15
	碾压混凝土	3	−0.242	—	—	15
	碾压混凝土	4	−0.308	—	—	15
	碾压混凝土	5	−0.310	—	—	15
	碾压混凝土	6	−0.388	—	—	60
	铰接式护坡砖	7	−0.305	—	—	60
	高性能加筋草皮	8	−0.296	—	—	90

续表

试验类别	海堤内坡护坡	试验组次	R_c/m	H_{m0}/m	T_p/s	试验时长/min
波浪溢流试验	碾压混凝土	1	−0.075	0.672	4.9	30
	碾压混凝土	2	−0.078	0.388	3.4	15
	碾压混凝土	3	−0.025	0.398	4.9	20
	碾压混凝土	4	−0.017	0.475	3.4	15
	碾压混凝土	5	−0.289	0.370	3.4	15
	碾压混凝土	6	−0.343	0.411	4.8	20
	碾压混凝土	7	−0.328	0.459	7.0	30
	碾压混凝土	8	−0.321	0.561	4.7	20
	碾压混凝土	9	−0.287	0.575	7.1	30
	碾压混凝土	10	−0.289	0.659	5.1	20
	碾压混凝土	11	−0.236	0.741	7.1	30
	铰接式护坡砖	12	−0.219	0.565	5.0	90
	铰接式护坡砖	13	−0.182	0.641	6.7	90
	铰接式护坡砖	14	−0.255	0.738	4.9	90
	铰接式护坡砖	15	−0.279	0.722	4.9	360
	高性能加筋草皮	16	−0.117	0.481	6.8	90
	高性能加筋草皮	17	−0.096	0.543	6.9	90
	高性能加筋草皮	18	−0.317	0.450	7.1	90
	高性能加筋草皮	19	−0.307	0.540	6.8	90
	高性能加筋草皮	20	−0.271	0.671	7.1	30
	高性能加筋草皮	21	−0.280	0.669	6.6	10
	高性能加筋草皮	22	−0.285	0.665	7.0	90
	高性能加筋草皮	23	−0.282	0.665	6.8	90
	高性能加筋草皮	24	−0.277	0.668	7.0	90

3.2 数据初步处理

所有的数据处理均采用 MATLAB® 脚本完成。波浪的入反射分离采用 Mansard 和 Funke[34]的三点法实现;ADV 的滤波采用 Mori 等[35]的方法实现。本节主要对基于波浪谱的有效波高(H_{m0})、谱峰周期(T_p)和海堤出水高度(R_c)等数据进行分析。

位于海堤模型堤顶的 P1 点的流速/水位测量信号在所有测点中噪声最少,因此越堤流量的计算选用 P1 点的流速和水位时间序列。当水深小于 8cm 时,俯视 ADV 的探头不能被水淹没,因此测得的数据无意义,故当水深小于 8cm 时流量数据的计算仅根据侧视 ADV 数据和水深数据计算得到;当水深大于 8cm 时流量数据由俯视 ADV、侧视 ADV 数据和水深数据计算得到。

3.3 比尺效应、模型与测量效应

本节试验研究的目的之一为波浪溢流作用下海堤内坡护坡(包括碾压混凝土、铰接式护坡砖和高性能加筋草皮)的侵蚀特征研究;而 Hughes[3]指出,因其系统的复杂性,高性能加筋草皮的侵蚀特征很难通过比尺试验进行研究,故波浪溢流水槽试验的模型比尺设置为 1∶1。因此,试验测量结果不存在模型的比尺效应。

《欧洲越浪手册》(第二版)[22]将所有因试验设备、量测仪器、数据分析方法的局限性产生的模型与原型、模型与模型之间的差异均总结为模型与测量效应(model and measurement effects)。本研究的水槽试验不可避免地会出现模型与测量效应,造成试验结果与现场数据、其他试验结果相比出现一定的差异。试验中对风动力考虑的不足、使用的波浪谱与现场或其他试验的差异、对破碎引起掺气水流的测量误差、铰接式护坡砖和高性能加筋草皮内部水流无法测量等均可导致模型与测量效应产生。

第 4 章 侵蚀函数测定试验

在大型水槽试验测试的三种海堤内坡护坡中,高性能加筋草皮观测到了一定的土面侵蚀量。为了对其侵蚀特性有进一步认识,在大型水槽试验之后对高性能加筋草皮进行采样,采用侵蚀函数测定仪(erosion function apparatus,EFA)对采样的水力侵蚀特征进行进一步研究。侵蚀函数测定试验在美国得克萨斯 A&M 大学土木工程系进行。

4.1 侵蚀函数测定仪简介

可蚀性(erodibility)是用于描述土体水力侵蚀特征的术语,定义为土壤表面流过水流的流速/切应力与土壤侵蚀速率之间的关系,也称为侵蚀函数(erosion function)。通常情况下,会存在一个临界流速或临界切应力,流速/切应力超过临界值后侵蚀开始发生。侵蚀函数测定试验研究该临界值的大小以及流速/切应力达到临界值以后,侵蚀速率随流速/切应力增大的变化情况。各国学者通过大量物理试验研究了侵蚀速率的发展和各物理量之间的关系,包括塑性、重度、抗剪强度和密实度等[36]。Briaud 和 Chen[37]给出了比较详细的有关土体可蚀性的文献综述。

Briaud 等[38]设计的测量土体可蚀性(或侵蚀函数)的仪器称为侵蚀函数测定仪。卡特里娜飓风发生后,Briaud 等采用侵蚀函数测定仪对卡特里娜飓风中溃堤处土体的可蚀性进行测定,并根据不同土体的可蚀性绘制了土的可蚀性分类图[39]。侵蚀函数测定仪如图 4.1 所示,其主要由竖直薄壁圆筒和水平方筒组成。进行试验时,将样品放置于竖直薄壁圆筒中,在水平方筒中施加恒定流速的水流;在试验过程中,缓慢地将样品推出竖直薄壁圆筒,并随样品的侵蚀速率调整其推出速度,始终保持样品伸出竖直薄壁圆筒的高度为 1mm,其间记录水流流速和侵蚀速率。

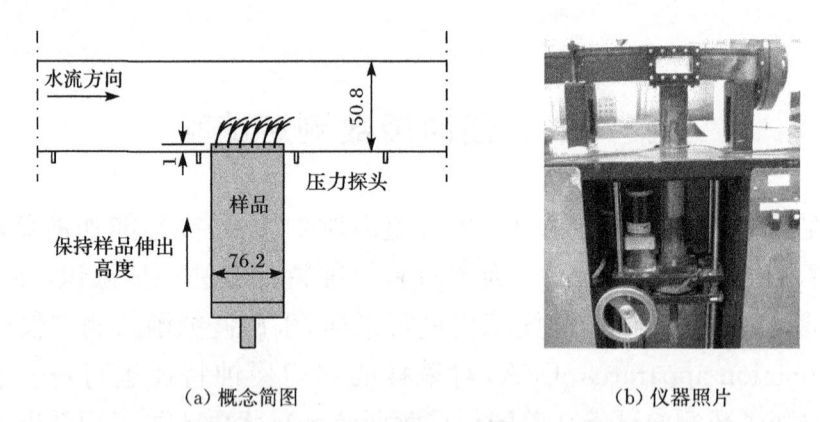

(a) 概念简图　　　　(b) 仪器照片

图 4.1　侵蚀函数测定仪(单位：mm)

水平方筒中恒定流速水流引起的水流切应力可以用穆迪图(Moody chart)[40]来计算。穆迪图中的摩阻系数(f)计算公式为

$$\frac{1}{\sqrt{f}}=-2\lg\left[\frac{\varepsilon/D}{3.7}+\frac{2.51}{Re\sqrt{f}}\right] \quad (4.1)$$

式中，ε/D 为管道糙率，ε 为管道粗糙高度，D 为管径；Re 为雷诺数。通过式(4.1)可求解 f 的数值，在此基础上，水流切应力 τ 可用式(4.2)计算。

$$\tau=\frac{1}{8}\rho f v^2 \quad (4.2)$$

式中，ρ 为水的密度(取 1000kg/m³)；v 为管道平均流速。

4.2　试验采样

波浪溢流大型水槽试验结束后，从高性能加筋草皮上取了 11 份样品(长度 15.2cm，直径 7.6cm)，供侵蚀函数测定试验使用。高性能加筋草皮采样位置如图 4.2 所示，在沿测试区两侧的 A1～A4、B1～B4 采样点采样，在沿测试区中线的 O1～O3 采样点采样；A1、A2、O1、B1、B2 采样点位于堤顶，其他位于内坡。由于在生态加筋网存在的条件下，很难进行侵蚀函数测定试验，故在采样前去掉了高性能加筋草皮上的生态加筋网。因此，采样后得到的样品实际上一端为土壤，另一端为草皮（不含生态加筋网），并非严格意义上的高性能加筋草皮。

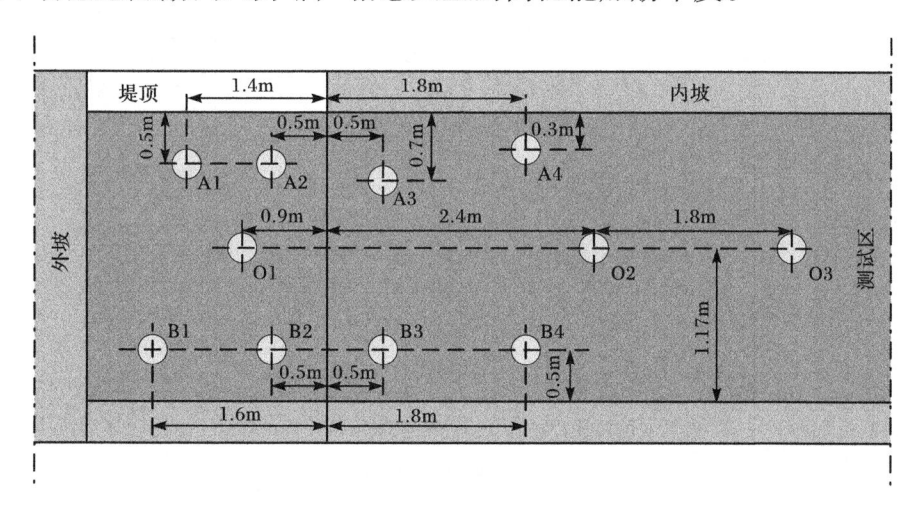

图 4.2　高性能加筋草皮采样位置

4.3　试验结果

采样后，对样品两端分别进行侵蚀函数测定试验，两端的测定结果分别代表试验培育高性能加筋草皮用到的土体和草皮的可蚀性特征。

将侵蚀函数测定试验测得的侵蚀速率与流速、侵蚀速率与切应力之间的关系点绘于 Briaud 等[39]绘制的土的可蚀性分类图上，土体端的试验结果均使用空心数据点表示，草皮端的试验结果均使用实心数据点来表示，如图 4.3 所示。可蚀性可以用侵蚀速率与流速或侵蚀速率与切应力的关系进行分区，可以看到，两种分区方式对于土体端和草皮端的可蚀性划分得到一致的结果：土体端主要落在区域Ⅱ（高度可蚀性区），而草皮端主要落在区域Ⅲ（中度可蚀性区），草皮的存在使土体的可蚀性由高度可蚀性降低到中度可蚀性。不同样品之间测定结果的差异可以用土体性质和草皮覆盖质量的差异来解释，图 4.4 给出了不同样品草皮覆盖程度差异的示例。

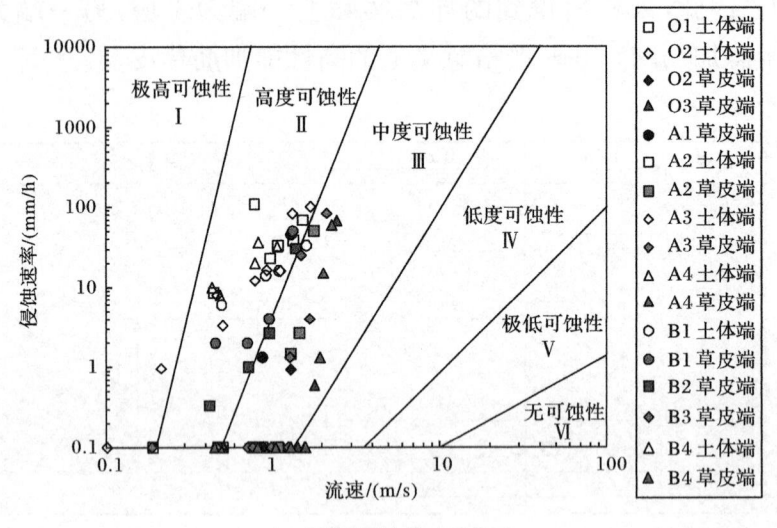

(a) 侵蚀速率与流速的关系

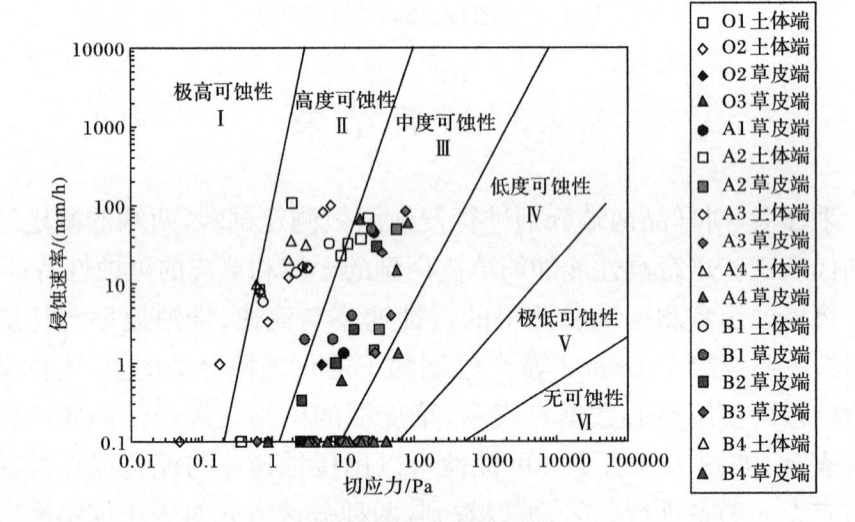

(b) 侵蚀速率与切应力的关系

图 4.3 高性能加筋草皮样品的可蚀性测定结果

(a) 样品 A1(较差)

(b) 样品 A4(较好)

图 4.4 不同样品草皮覆盖程度的差异

第 5 章 波浪溢流的特征水力学参数

本章对波浪溢流大型水槽试验测得的水力学参数进行量纲分析,建立入射波浪条件、水位与越堤流量和内坡流速等水力学参数之间的关系,提出新的认知和经验公式,实现对不同水位和波况下波浪溢流水力学参数的预测,为相关海堤的设计、评估和加固提供参考依据。

5.1 入射波浪的波高分布

入射波浪的波高分布会影响越浪情况下的水力学参数。Victor 等[28]指出,非瑞利分布的入射波会引起越浪量韦伯分布形状因子(b)的增大。对于与越浪有很多相似点的波浪溢流过程,这种影响同样存在。因此,首先观察入射波浪的波高分布特征。

三个典型组次的入射波浪的波高分布特征如图 5.1 所示,图中横坐标为单个波高(H)与均方根波高(H_{rms})之间比值的平方,纵坐标为该单个波高的超越概率,图中直线表示瑞利分布的理论值。图 5.1(a)给

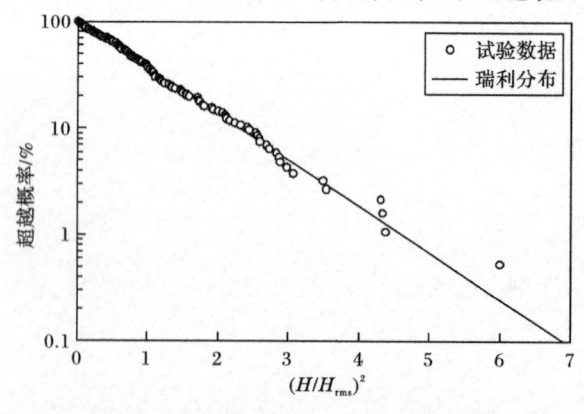

(a) 符合瑞利分布的典型组次(波浪溢流组次 6)

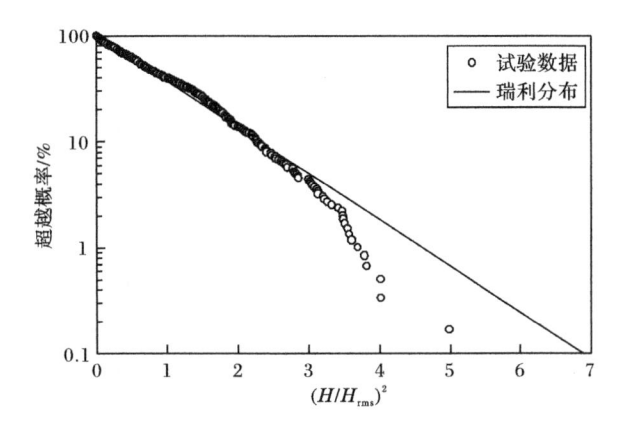

(b) 不符合瑞利分布的典型组次(波浪溢流组次 20)

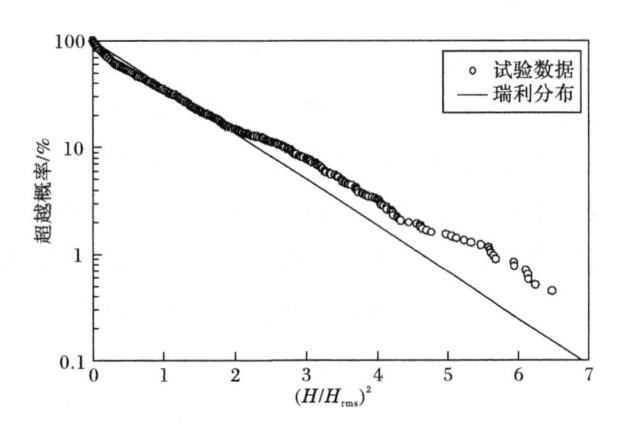

(c) 不符合瑞利分布的非典型组次(波浪溢流组次 12)

图 5.1　不同组次的入射波浪的波高分布

出了入射波高符合瑞利分布的典型组次(波浪溢流组次 6);24 组波浪溢流试验中,有 6 组测得的入射波高分布与该组次类似。图 5.1(b)给出了入射波高不符合瑞利分布的典型组次(波浪溢流组次 20),可以看到较小的波浪仍符合瑞利分布,而较大波浪的发生频率降低;24 组波浪溢流试验中,有 17 组测得的入射波高分布与该组次类似;在 Victor 等[28]和 Nørgaard 等[29]的研究中也观测到这一现象,其原因为较大波浪受水深影响而破碎后的波高降低。图 5.1(c)给出了入射波高不符合瑞利分布的非典型组次(波浪溢流组次 12),可以看到较小的波浪仍符合瑞利分布,而较大波浪的发生频率升高;24 组波浪溢流试验中,只有

1组测得的入射波高分布为此种特征;较大波浪的发生频率升高较为反常,其原因可能为该组次波浪谱生成时谱型不合理,而在后续分析中也可以看到这种非典型的入射波高分布对于波浪溢流水力学参数的影响。

5.2　波浪溢流的越顶方式

根据试验期间的观测,波浪溢流过程中波浪有如下四种方式越过堤顶[41]。

(1) 冲击外坡的卷跃破波(plugging breakers on seaward-side slope)。波浪在堤顶前方发生卷破,水舌冲击位置为海堤外坡,如图5.2(a)所示。不规则波列中,如果连续两个较大波浪入射,第二个波浪一般会以这种方式越过堤顶;单个中等波浪也会以这种方式越过堤顶。

(2) 冲击堤顶的卷跃破波(plugging breakers on crest)。波浪在堤顶前方发生卷破,水舌冲击位置为海堤堤顶,如图5.2(b)所示。不规则波列中,单个入射的较大波浪会以这种方式越过堤顶。

(3) 非破碎方式越顶(waves passing smoothly without breaker)。波浪爬高过程中不发生破碎,直接越过堤顶,如图5.2(c)所示。不规则波列中,紧跟中小波浪出现的大波浪会以这种方式越过堤顶;单个小波浪或紧跟大波浪的小波浪一般也会以这种方式越过堤顶。

(4) 堤顶破碎的激散破波(waves passing smoothly with spilling breakers)。波浪爬高过程中不发生破碎,直接越过堤顶,但在堤顶发生

(a) 冲击外坡的卷跃破波

(b) 冲击堤顶的卷跃破波

(c) 非破碎方式越顶

(d) 堤顶破碎的激散破波

图 5.2 波浪溢流过程中波浪越过堤顶的四种方式

激散破碎,如图 5.2(d)所示。这种越顶方式的发生条件与非破碎方式越顶类似。

冲击外坡的卷跃破波和冲击堤顶的卷跃破波在堤顶附近发生波浪破碎,产生大量紊动流体,消散大量波能,因此对堤顶有较大的侵蚀作用;因为破碎方式类似,并且造成的侵蚀作用类似,将二者统称为破碎越顶(breaking passing)方式。非破碎方式越顶和堤顶破碎的激散破波

中没有出现波浪的剧烈破碎或对堤体的冲击,波能的破碎耗散较少,在内坡上产生流速较大的越堤水流,对内坡有较大的侵蚀作用。因为水流结构类似,并且造成的侵蚀作用类似,将二者统称为非破碎越顶(smooth passing)方式。在波浪溢流试验组次 14～组次 20 和组次 22 过程中,对每一种波浪越过堤顶的方式进行时长为 15min 的人工统计,各种越顶方式的发生概率见表 5.1。

表 5.1 不同波浪越顶方式的发生概率

试验组次	R_c/H_{m0}	方式1/%	方式2/%	方式3/%	方式4/%	破碎越顶/%	非破碎越顶/%
14	−0.345	25.49	40.69	22.55	11.27	66.18	33.82
15	−0.386	28.25	32.29	21.08	18.39	60.54	39.46
16	−0.222	51.67	7.78	6.67	33.89	59.45	40.55
17	−0.149	62.57	12.29	8.38	16.76	74.86	25.14
18	−0.705	10.71	11.90	45.83	31.55	22.62	77.38
19	−0.568	28.80	14.13	35.87	21.20	42.93	57.07
20	−0.403	37.93	25.86	22.99	13.22	63.79	36.21
22	−0.429	30.00	26.47	25.88	17.65	56.47	43.53

图 5.3 所示为波浪溢流的破碎越顶和非破碎越顶与相对出水高度(R_c/H_{m0})的关系。海堤的相对出水高度是评估波浪溢流特征的重要水力学参数,反映了波浪溢流过程中越浪和溢流所占比例的相对大小。相对出水高度的绝对值大,说明溢流所占比例大,反之则说明越浪所占比例大。如图 5.3 所示,当相对出水高度的绝对值增大时,非破碎越顶方式的发生概率增大;这种现象可以用相对出水高度的绝对值增大时,波浪溢流中溢流所占比例增大来解释。反之,当相对出水高度的绝对值减小时,破碎越顶方式的发生概率增大;这种现象可以用相对出水高度的绝对值减小时,波浪溢流中越浪所占比例增大来解释。

为了对波浪溢流破碎越顶方式和非破碎越顶方式的发生概率进行预测,这里引入一个无量纲波浪溢流量(Q_*)。Q_* 是在 Besley[30] 使用的无量纲越浪量(Q_B)的基础上用平均单宽波浪溢流量(q_{ws})代替平均单宽越浪量(q_w)得到的,可表示为

第5章 波浪溢流的特征水力学参数

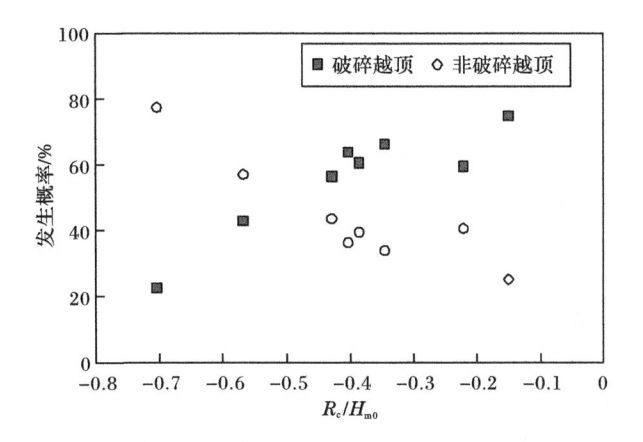

图5.3 波浪溢流的破碎越顶和非破碎越顶与相对出水高度的关系

$$Q_* = \frac{q_{ws}}{T_m g H_s} \tag{5.1}$$

以无量纲波浪溢流量（Q_*）为横坐标，点绘波浪溢流的破碎越顶和非破碎越顶的发生概率，如图5.4所示，可以发现二者具有很好的相关性。图中拟合曲线的经验公式为

$$P_{sp} = 100 \tanh(1788 Q_*^{1.66}) \tag{5.2}$$

$$P_{bp} = 100\% - P_{sp} \tag{5.3}$$

式中，P_{sp}为非破碎越顶方式的发生概率，%；P_{bp}为破碎越顶方式的发生概率，%。式(5.2)和式(5.3)的适用范围为本试验研究的参数范围。

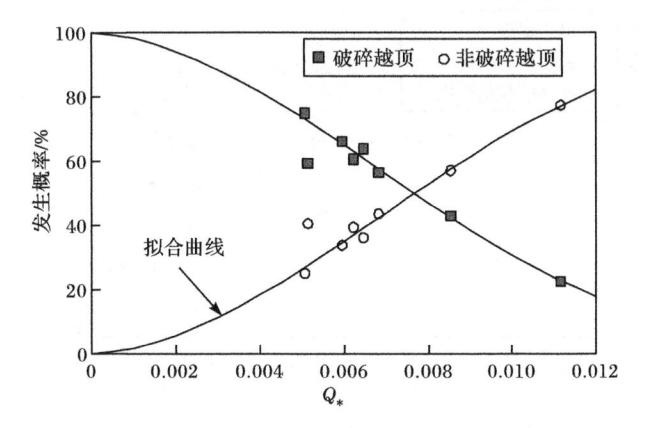

图5.4 波浪溢流的破碎越顶和非破碎越顶与无量纲波浪溢流量的关系

5.3 稳定溢流水力学参数

在研究波浪溢流的水力学参数之前，首先通过 8 组溢流试验来分析没有波浪的情况下，三种海堤内坡护坡上的稳定单宽溢流量、内坡稳定水深和内坡稳定流速的分布特征。

5.3.1 稳定单宽溢流量

使用堤顶测点 P1 处测得的流速和水深时间序列来估算稳定单宽溢流量的时间序列，取平稳后时间序列的均值为溢流的稳定单宽溢流量。利用实测的上游水位(h_1)和稳定单宽溢流量(q_s)，根据 Kindsvater[13]提出的式(2.2)对三种海堤内坡护坡方式分别计算摩阻经验参数(C_f)，利用得到的 C_f 值就可以表示三种海堤内坡护坡方式的稳定单宽溢流量(q_s)和上游水位(h_1)之间的关系。三种海堤内坡护坡方式的稳定单宽溢流量和上游水位之间的关系如图 5.5 所示。图中 C_f 利用上游水位(h_1)和稳定单宽溢流量(q_s)计算得到，曼宁系数(n)利用曼宁公式估算得到。因为式(2.2)已经过众多学者多年验证，在本书中对铰接式护坡砖和高性能加筋草皮各进行 1 组试验，用来确定经验参数 C_f，然后将 C_f 的值代入式(2.2)中，从而计算出稳定单宽溢流量。

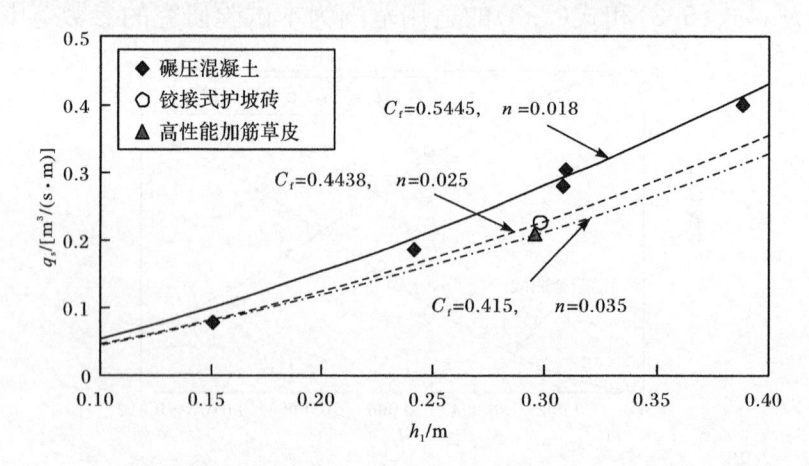

图 5.5 三种海堤内坡护坡方式的稳定单宽溢流量和上游水位之间的关系

计算得到的碾压混凝土、铰接式护坡砖和高性能加筋草皮的 C_f 值分别为 0.5445、0.4438 和 0.415,曼宁系数分别为 0.018、0.025 和 0.035。虽然铰接式护坡砖和高性能加筋草皮的工况缺乏足够的试验组次,可能会使 C_f 的估算存在误差,但试验数据可以明显地表示出三种海堤内坡护坡方式稳定单宽溢流量的关系:对于同样的上游水位(h_1),碾压混凝土对应的稳定单宽溢流量(q_s)最大,铰接式护坡砖次之,高性能加筋草皮最小。

5.3.2 内坡稳定水深

稳定溢流发生时,溢流在由堤顶流向内坡的过程中水深逐渐减小,流速逐渐增大,当因底摩阻、紊动等产生的摩阻比降和坡度相等时,水深、流速不再变化,这时水深成为内坡稳定水深(d_s)。据试验中的观察,内坡水深在测点 P4 以下不再变化。本书取测点 P4 下方的 P5 测点处的水深为内坡稳定水深。对所有溢流试验组次,取海堤内坡上 P5 点测得的水深时间序列的平均值作为内坡稳定水深(d_s)。经多次尝试,在内坡稳定水深相关的特征参数$[(gd_s^3)^{1/2}]$和稳定单宽溢流量(q_s)之间建立线性关系,如图 5.6 所示。图中的经验关系可表示为

$$\frac{\sqrt{gd_s^3}}{q_s}=k_d \tag{5.4}$$

式中,k_d 为内坡稳定水深相关的经验参数,碾压混凝土、铰接式护坡砖和高性能加筋草皮对应的 k_d 分别为 0.1732、0.2365 和 0.3076。虽然铰接式护坡砖和高性能加筋草皮的情况缺乏足够的数据,可能会使 k_d 的估算存在误差,但试验数据可以明显地表示出三种海堤内坡护坡方式内坡稳定水深的关系:在稳定单宽溢流量(q_s)相等的条件下,高性能加筋草皮保护的海堤内坡稳定水深(d_s)最大,碾压混凝土保护的海堤内坡稳定水深(d_s)最小,铰接式护坡砖保护的海堤内坡稳定水深(d_s)介于二者之间,这种大小关系也与这三种海堤内坡护坡表面曼宁系数的差异相一致。

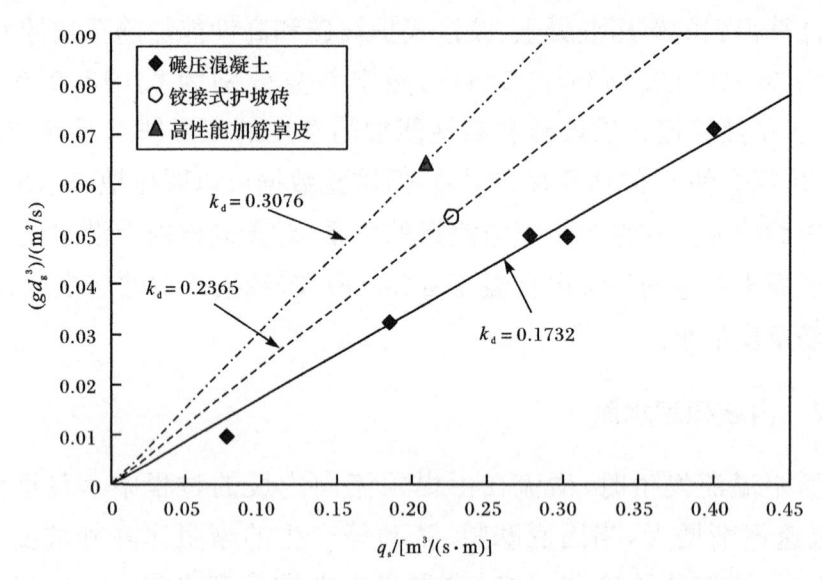

图 5.6　三种海堤内坡护坡方式的内坡稳定水深和稳定单宽溢流量之间的关系

5.3.3　内坡稳定流速

与内坡稳定水深（d_s）对应的是内坡稳定流速（v_s），有了内坡稳定水深（d_s）之后，内坡稳定流速（v_s）即可通过二者相除得到，可表示为

$$v_s = \frac{q_s}{d_s} \tag{5.5}$$

将式（2.2）和式（5.4）代入式（5.5），得到

$$v_s = k_v \sqrt{gh_1} \tag{5.6}$$

式中，k_v 为内坡稳定流速相关的经验参数，可表示为

$$k_v = \left(\frac{C_f}{k_d^2}\right)^{1/3} \tag{5.7}$$

碾压混凝土、铰接式护坡砖和高性能加筋草皮的 k_v 值可根据 C_f 与 k_d 计算得到，分别为 2.628、1.995 和 1.637。利用式（5.6）计算海堤模型内坡稳定流速，并与实测值相比较，如图 5.7 所示。由图可以看出，计算值与实测值之间有较好的一致性。

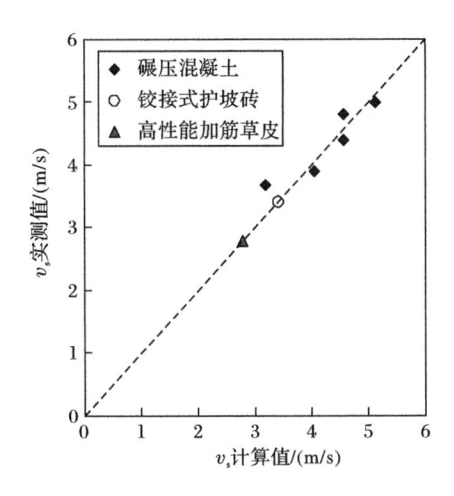

图 5.7 三种海堤内坡护坡方式的内坡稳定流速计算值与实测值比较

5.4 波浪溢流量

波浪溢流量是指波浪溢流引起的单宽越堤流量,通常指平均单宽越堤流量。类似越浪量之于海堤越浪,波浪溢流量是与海堤防护相关的最重要的波浪溢流水力学参数。除了波浪溢流引起的平均单宽越堤流量之外,单个波浪引起的越堤流量分布及瞬时越堤流量分布也是海堤防护关注的问题。

5.4.1 平均波浪溢流量

使用堤顶测点 P1 处测得的流速和水深时间序列来估算波浪溢流试验的单宽波浪溢流量时间序列,取时间序列的均值为平均单宽波浪溢流量(q_{ws})。按照第 3 章所述方法,当水深小于 8cm 时流量时间序列的计算仅根据侧视 ADV 数据和水深数据计算得到,当水深大于 8cm 时流量时间序列由俯视 ADV、侧视 ADV 数据和水深数据共同计算得到。

先将波浪溢流量参数无量纲化,以进行下一步的量纲分析。这里无量纲波浪溢流量(Q)的形式参照 Hughes 和 Nadal[32]的研究给出,可表示为

$$Q = \frac{q_{\text{ws}}}{\sqrt{gH_{\text{m0}}^3}} \tag{5.8}$$

将三种海堤内坡护坡方式下的无量纲平均单宽波浪溢流量(Q,以下简称无量纲波浪溢流量)对应于海堤相对出水高度(R_c/H_{m0})绘制于图5.8。从图中可以看到几点特征,包括:

第一,三种海堤内坡护坡波浪溢流量的关系与稳定单宽溢流量类似,对于同样的相对出水高度(R_c/H_{m0}),碾压混凝土波浪溢流量最大,铰接式护坡砖次之,高性能加筋草皮最小。但这里需要注意的是,试验中测到的波浪溢流量为表观波浪溢流量,而在护坡材料内部渗流的部分流量则无法测量;铰接式护坡砖和高性能加筋草皮内部具有大量孔隙,故同等条件下测得的表观波浪溢流量会明显低于孔隙率低的碾压混凝土组次。

第二,无论对于碾压混凝土还是高性能加筋草皮(铰接式护坡砖由于缺少足够的组次,这里暂不讨论),无量纲波浪溢流量(Q)与相对出水高度(R_c/H_{m0})在 $R_c/H_{\text{m0}} \leqslant -0.3$ 的范围内有较好的相关性,而在 $-0.3 < R_c/H_{\text{m0}} < 0$ 的范围内相关性不好。这一现象反映了波浪溢流中越浪与溢流的主导性问题,对其加以区分能提高很多波浪溢流水力学参数的计算精度,在后续章节将对这一现象展开讨论。

第三,对于 $R_c/H_{\text{m0}} \leqslant -0.3$ 的情况,碾压混凝土护坡上的无量纲波浪溢流量(Q)可以通过 Hughes 和 Nadal[32]提出的式(2.39)进行较好的估算;高性能加筋草皮上的无量纲波浪溢流量(Q)可以通过本书的拟合公式计算,可表示为

$$Q = \frac{q_{\text{ws}}}{\sqrt{gH_{\text{m0}}^3}} = 0.025 + 0.37 \left(\frac{-R_c}{H_{\text{m0}}}\right)^{1.75} \tag{5.9}$$

式(5.9)的适用范围为本试验研究的参数范围。

第四,以上分析留下了两点尚未解决的问题:①在 $-0.3 < R_c/H_{\text{m0}} < 0$ 的参数范围内,无量纲波浪溢流量(Q)与相对出水高度(R_c/H_{m0})相关性不好,故未给出各种护坡方式下无量纲波浪溢流量(Q)的计算方法;②在 $R_c/H_{\text{m0}} \leqslant -0.3$ 的参数范围内,由于缺少足够的铰接式护坡砖试验组次,无法给出铰接式护坡砖对应的波浪溢流量的估算方法。对于

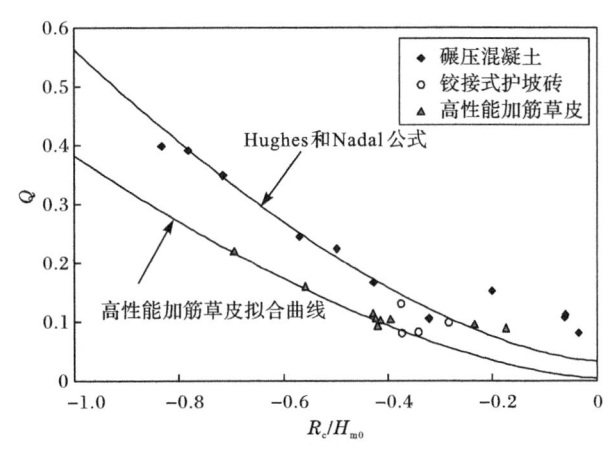

这两个问题,将在第 6 章中通过对数据的进一步分析予以解答。

图 5.8 无量纲波浪溢流量与海堤相对出水高度之间的关系

5.4.2 单个波浪引起的越堤流量分布

单个波浪引起的越堤流量分布是用于估计海堤和海堤护坡系统安全性的一个重要指标。单个波浪引起的越堤流量受到波浪溢流量、有效波高、谱峰周期等参数的影响。

单个波浪引起的越堤流量由堤顶上 P1 点处的波浪溢流量时间序列分析得到。单个波浪定义为由一个波谷到下一个相邻的波谷,其波周期由包含在单个波浪里的测量数据点数决定($\Delta t = 0.02$s),单个波浪引起的越堤流量由瞬时越堤流量时间序列在一个波周期范围内积分得到。

参考 van der Meer 和 Janssen[20]、Hughes 和 Nadal[32] 的研究,这里对单个波浪引起的越堤流量分布同样采用式(2.24)所示的双参数韦伯分布进行表征。对每个波浪溢流试验组次的单个波浪引起的越堤流量使用双参数韦伯分布进行拟合,得到对应的尺度因子(a)和形状因子(b)。图 5.9 给出了拟合较好和拟合一般组次的示例,总体来说,所有组次的拟合程度介于图 5.9(a)和图 5.9(b)之间。

单个波浪引起的越堤流量的韦伯分布形状因子(b)的规律性相对来说较为难以捉摸,Hughes 和 Nadal[32] 的研究中采用了两个无量纲参

数对其进行回归分析,见式(2.41)。韦伯分布的尺度因子(a)反映样本

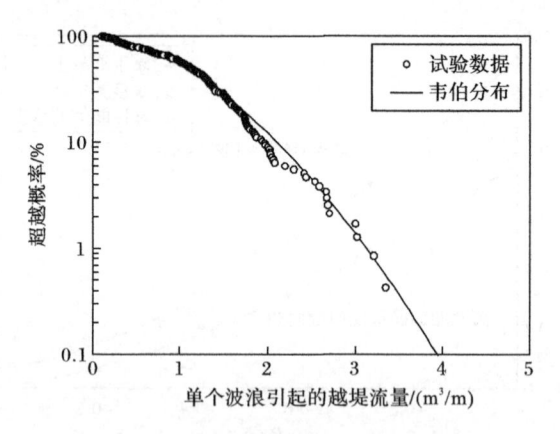

(a) 拟合较好的组次(波浪溢流试验组次 10)

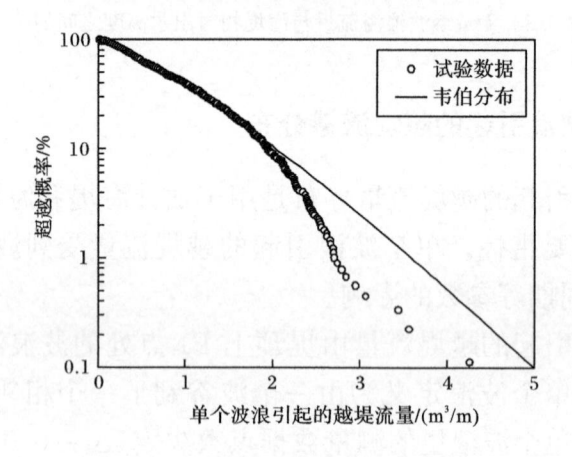

(b) 拟合一般的组次(波浪溢流试验组次 20)

图 5.9 韦伯分布拟合单个波浪引起的越堤流量示例

总体(可以理解为均值)的大小,而形状因子(b)反映的是样本内部个体之间的相对差异。因此,虽然不同海堤内坡护坡材料会影响单个波浪引起的越堤流量的大小,但这里做分析时不再对三者进行区分。事实上,如果区分三者,会发现护坡材料对于形状因子(b)的影响非常小。另外,如图 5.8 所示,无量纲波浪溢流量(Q)与海堤相对出水高度(R_c/H_{m0})的关系在$-0.3<R_c/H_{m0}<0$的范围和$R_c/H_{m0}\leqslant-0.3$的范围内表现出不同的特征,那么是否说明在这两个区间内,波浪溢流的水动力特征不同。因此在量纲分析中将这两个区间内的组次区分开来。

经过多次尝试,选用无量纲参数$[q_{ws}/(gH_{m0}T_p)]$来建立韦伯分布形状因子(b)的经验关系[41]。将拟合得到的韦伯分布形状因子(b)以无量纲参数$[q_{ws}/(gH_{m0}T_p)]$为横坐标绘制于图5.10,并将$-0.3<R_c/H_{m0}<0$和$R_c/H_{m0}\leqslant-0.3$范围内的点以不同符号来表示。同时也将Hughes和Nadal[32]提出的式(2.41)的预测结果一起绘制于图5.10。

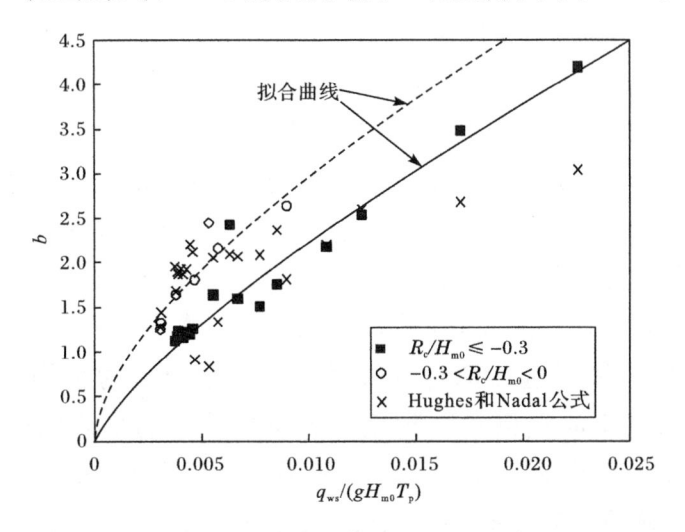

图5.10 单个波浪引起越堤流量的韦伯分布形状因子拟合曲线

如图5.10所示,通过对海堤相对出水高度(R_c/H_{m0})范围的划分,能够实现对韦伯分布形状因子(b)较为准确的估算。图中拟合曲线的经验公式为

$$b=73.55\left(\frac{q_{ws}}{gH_{m0}T_p}\right)^{0.76}, \quad R_c/H_{m0}\leqslant-0.3 \quad (5.10)$$

$$b=54.58\left(\frac{q_{ws}}{gH_{m0}T_p}\right)^{0.63}, \quad -0.3<R_c/H_{m0}<0 \quad (5.11)$$

式(5.10)的决定系数(R^2)为0.9749,均方根误差(RMSE)为0.1438;式(5.11)的决定系数(R^2)为0.8526,均方根误差(RMSE)为0.2065;适用范围为本试验研究的参数范围。可以注意到图5.10中有一个属于$R_c/H_{m0}\leqslant-0.3$范围的数据点(0.0063,2.43)与拟合曲线偏离较大。该点出现较大偏离的原因可能是该试验组次入射波浪谱计算错误。该点来自波浪溢流组次12,是唯一一组入射波高出现不符合瑞

利分布的非典型组次(较小的波浪符合瑞利分布,而较大波浪的发生频率升高),如图 5.1(c)所示。

将式(5.10)和式(5.11)与 Hughes 和 Nadal[32]的式(2.41)预测结果相比较,可以发现二者的预测结果在趋势上接近,但式(5.10)和式(5.11)通过对海堤相对出水高度(R_c/H_{m0})范围的划分,提高了对韦伯分布形状因子(b)的估算精度。

韦伯分布尺度因子(a)的规律性相对来说较容易得到,因为尺度因子(a)反映了样本总体的大小,其单位与研究对象一致,其量级与研究对象的均值具有一定的相关性。这里的研究对象单个波浪引起越堤流量的单位为 m^3/m,因此,通常在研究中会用一个同量纲的特征参数进行线性拟合,如式(2.25)和式(2.40)。这两个公式均选用特征流量与特征周期的乘积来得到该同量纲的特征参数,本书同样采用这种方式。经过多次尝试,最终选择拟合效果最好的参数组合为平均单宽波浪溢流量(q_{ws})与基于波浪谱负一阶矩和零阶矩计算的平均周期($T_{m-1,0}$)。特征周期选取基于波浪谱负一阶矩和零阶矩计算的平均周期($T_{m-1,0}$)要感谢越浪领域知名专家 Schüttrumpf 教授在论文[41]审稿意见中的建议,这一选择提高了拟合曲线的相关性。将拟合得到的韦伯分布尺度因子(a)以同量纲的特征参数($q_{ws}T_{m-1,0}$)为横坐标绘制于图 5.11,并将 $-0.3<R_c/H_{m0}<0$ 和 $R_c/H_{m0}\leqslant -0.3$ 范围内的点以不同的符号来表示。同时也将 Hughes 和 Nadal[32] 提出的式(2.40)的预测结果一起绘制于图 5.11。可以看到,对于尺度因子(a)来讲,划分 $-0.3<R_c/H_{m0}<0$ 和 $R_c/H_{m0}\leqslant -0.3$ 范围意义并不大,因此在经验公式的拟合时,将二者一同考虑,得到的经验关系如图 5.11 中的直线所示,可表示为

$$a = 1.017 q_{ws} T_{m-1,0} \tag{5.12}$$

式(5.12)的决定系数(R^2)为 0.8061,均方根误差(RMSE)为 0.1654,适用范围为本试验研究的参数范围。式(5.12)的计算结果与 Hughes 和 Nadal[32] 的计算结果[式(2.40)]较为接近,预测精度上略优。

采用双参数韦伯分布对单个波浪引起的越堤流量分布进行成功表征之后,就能够根据韦伯分布参数对其特征值进行计算。通过韦伯分

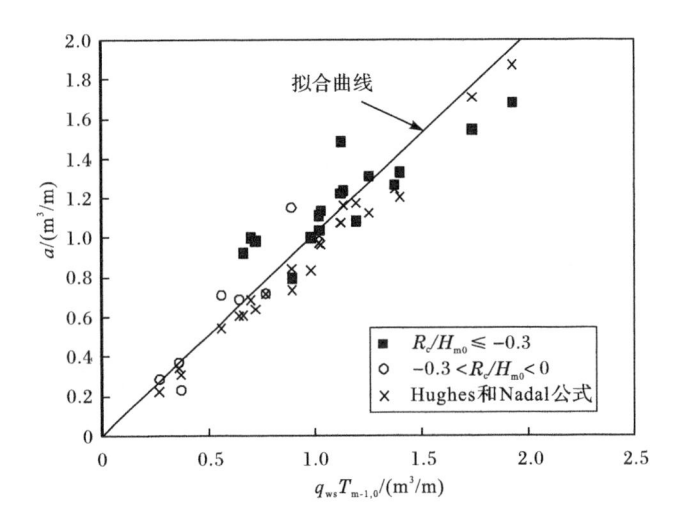

图 5.11 单个波浪引起越堤流量的韦伯分布尺度因子拟合曲线

布可以计算样本的平均值和最大值,计算公式可以表示为

$$V_{\text{mean}} = a\Gamma\left(1+\frac{1}{b}\right) \tag{5.13}$$

$$V_{\max} = a\left[\ln(N+1)\right]^{1/b} \tag{5.14}$$

式中,V_{mean}为单个波浪引起越堤流量的均值;$V_{\max}$为单个波浪引起越堤流量的最大值;N为波浪序列中的波浪个数;Γ为伽马函数。

为了对提出的经验公式进行验证,首先根据式(5.10)~式(5.12)来计算各试验组次的韦伯分布尺度因子(a)和形状因子(b);然后利用计算得到的尺度因子(a)和形状因子(b),根据式(5.13)和式(5.14)来估算单个波浪引起越堤流量的均值(V_{mean})和最大值($V_{\max}$)。将计算得到的单个波浪引起越堤流量的均值和最大值,以及试验实测的均值和最大值进行比较,如图 5.12 所示。从图中可以看出,单个波浪引起的越堤流量均值(V_{mean})的计算值与实测值有较好的一致性;单个波浪引起的越堤流量最大值($V_{\max}$)的计算值与实测值在趋势上保持一致性,但较为离散,这是由于不规则波列的最大值本身就存在较大的随机性,加上试验波浪序列中的波浪个数(N)不够大引起的。总体来说,式(5.10)~式(5.12)能对海堤波浪溢流过程单个波浪引起的越堤流量分布实现较好的表征。

(a) 均值　　　　　　　　　　　　(b) 最大值

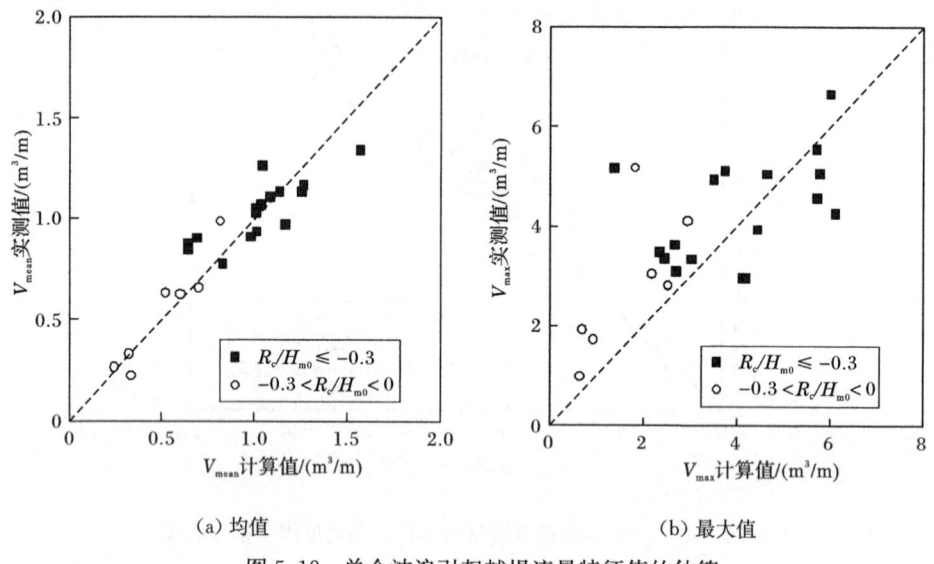

图 5.12　单个波浪引起越堤流量特征值的估算

需要说明的是，在用双参数韦伯分布对单个波浪引起的越堤流量进行拟合时，不同的学者使用了不同部分波浪数据进行拟合。常规的做法是对全部波浪数据进行拟合，如 Hughes 和 Nadal[32]的研究；此外，为了使拟合结果能更好地反映较大波浪的分布特征，也有学者只对较大波浪进行拟合，如 Victor 等[28]的研究只对越堤流量大于均值的波浪进行拟合，Hughes 等[42]的研究只对越堤流量排在前 10% 的波浪进行拟合。Pan 等[43]曾通过对本试验中单个波浪引起越堤流量的均值和最大值进行预测，对以上不同拟合方式的优劣进行探讨，结果表明对全部波浪数据进行拟合的方式略优。因此本书的拟合使用了全部波浪数据。

5.4.3　瞬时越堤流量分布

在波浪溢流的过程中，每个单独波浪的冲击会造成一次瞬时的极值流量，而这个极值流量可能是平均单宽波浪溢流量（q_{ws}）的数倍。这个极值流量虽然持续时间短，却是造成坝体或海堤护坡侵蚀的主要因素之一。因此，除了单个波浪引起的越堤流量分布之外，其瞬时越堤流量分布也能表达平均单宽波浪溢流量之外的信息，瞬时越堤流量分布的研究对于海堤防护具有重要的参考意义。

本书中波浪溢流引起的瞬时越堤流量取堤顶上 P1 点处的波浪溢流量时间序列。参考 Hughes 和 Nadal[32] 的研究,这里对瞬时越堤流量分布同样采用式(2.24)所示的双参数韦伯分布进行表征。对每个波浪溢流试验组次的瞬时越堤流量使用双参数韦伯分布进行拟合,得到对应的尺度因子(a)和形状因子(b)。图 5.13 给出了拟合较好和拟合一般组次的示例,总体来说,所有组次的拟合程度介于图 5.13(a)和图 5.13(b)之间。

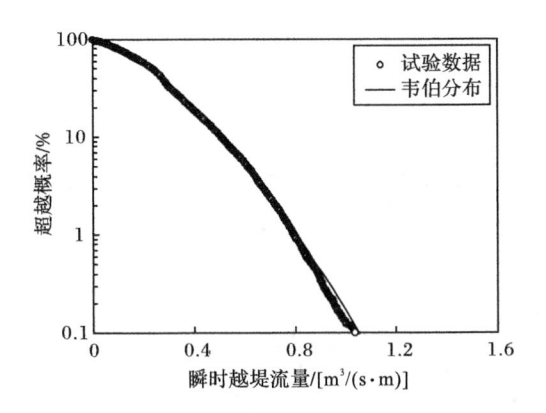

(a) 拟合较好的组次(波浪溢流试验组次 5)

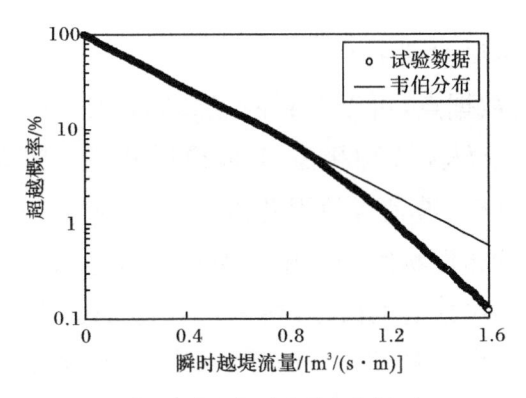

(b) 拟合一般的组次(波浪溢流试验组次 10)

图 5.13 韦伯分布拟合瞬时越堤流量示例

经过多次尝试,选用无量纲参数$[q_s/(gH_{m0}T_p)]$来建立韦伯分布形状因子(b)的经验关系[41],其中,q_s为同等海堤出水高度(R_c)时,无波浪情况下的稳定单宽溢流量,可由式(2.2)计算。将拟合得到的韦伯分布形状因子(b)以无量纲参数$[q_s/(gH_{m0}T_p)]$为横坐标绘制于图 5.14,并将$-0.3<R_c/H_{m0}<0$和$R_c/H_{m0}\leqslant-0.3$范围内的点以不同符号来表示。同时也将 Hughes 和 Nadal[32]提出的式(2.43)的预测结果及其试验数据一起绘制于图 5.14。

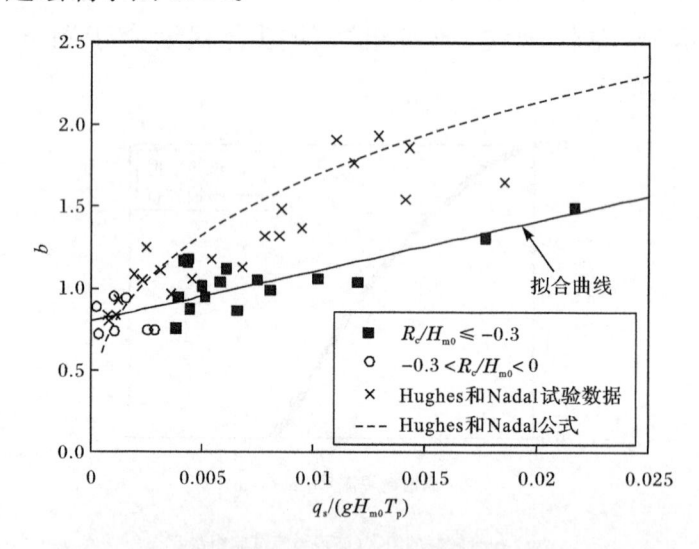

图 5.14　瞬时越堤流量的韦伯分布形状因子拟合曲线

先来看一下本试验研究和 Hughes 和 Nadal[32]试验得到的韦伯分布形状因子(b)的数据点,可以看到两点共同特征:第一,两组数据均在无量纲参数$[q_s/(gH_{m0}T_p)]$接近 0 时趋近 0.75;在无量纲参数$[q_s/(gH_{m0}T_p)]$接近 0 时,波浪溢流退化成越浪,因此,在越浪情况下,瞬时越堤流量的韦伯分布形状因子与单个波浪引起越浪量的韦伯分布形状因子(见 2.2.3 小节)数值上接近,均为 0.75 左右。第二,随着无量纲参数$[q_s/(gH_{m0}T_p)]$的增大,韦伯分布形状因子(b)的数值也会增大。但在本试验研究和 Hughes 和 Nadal[32]的试验中,韦伯分布形状因子(b)的增大幅度不同,在二者都设计合理、采集正确的前提下,这种差异是由模型与测量效应(见 3.3 节)引起的。由于两个试验研究的模型设置和数据采集方式都有所不同,这里不对二者之间的差异进行评价,仅给

出根据本试验数据得到的最优拟合公式,即

$$b = 30.64 \frac{q_s}{gH_{m0}T_p} + 0.8 \tag{5.15}$$

式(5.15)未对$-0.3 < R_c/H_{m0} < 0$和$R_c/H_{m0} \leqslant -0.3$范围进行区分,其决定系数($R^2$)为0.5497,均方根误差(RMSE)为0.1242,适用范围为本试验研究的参数范围。

瞬时越堤流量的情况与单个波浪引起的越堤流量略有不同,其均值(即平均单宽波浪溢流量),可通过经验公式进行预测,如式(2.39)和式(5.9)等。因此,无须单独为其韦伯分布尺度因子(a)拟合经验公式,而只需要根据其均值——平均单宽波浪溢流量(q_{ws})和韦伯分布形状因子(b)的数值,根据韦伯分布本身的特征计算其尺度因子(a),经验公式为式(2.42)。

利用式(5.15)计算韦伯分布形状因子(b)的计算值,然后将韦伯分布形状因子(b)的计算值代入式(2.42),计算得到韦伯分布尺度因子(a)的计算值,并与其实测值进行比较,如图5.15所示。计算值与实测值显示出较好的一致性,证明了式(5.15)的合理性。

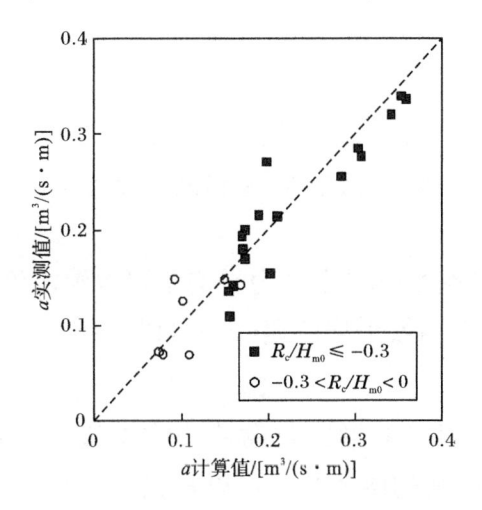

图5.15 瞬时越堤流量的韦伯分布尺度因子计算值与实测值比较

5.5 内坡水力学参数

波浪溢流对海堤内坡的侵蚀是波浪溢流期间海堤损毁的主要原因,因此需要对其内坡水力学参数进行研究。波浪溢流为非恒定流,但类似于溢流,其内坡上的水流统计学参数(如平均水深、平均流速、特征波高等)在下降一定高度后基本保持稳定,可以认为此时越堤水流处于稳定状态,其特征参数沿海堤内坡向下不再变化。在本书中,根据 P4 点、P5 点测得的水深时间序列,针对稳定后的内坡平均水深和流速、波高和峰值水深分布、特征波高和平均波速等水力学参数开展研究。

5.5.1 平均水深和平均流速

计算位于内坡中部的 P5 点处水深时间序列的均值为内坡平均水深(d_m)。经过与不同特征参数的组合分析,在内坡平均水深(d_m)与平均单宽波浪溢流量(q_{ws})之间建立相关关系,如图 5.16 所示。图中直线为拟合曲线,可表示为

$$\frac{q_{ws}}{\sqrt{gd_m^3}} = k_{dm} \tag{5.16}$$

式中,d_m 为内坡平均水深;k_{dm} 为波浪溢流内坡平均水深相关的经验参数,对于碾压混凝土、铰接式护坡砖和高性能加筋草皮分别取 4.811、2.907 和 2.362。

如果内坡平均流速(v_m)定义为平均单宽波浪溢流量(q_{ws})除以内坡平均水深(d_m),那么内坡平均流速(v_m)可以写成

$$v_m = k_{dm}\sqrt{gd_m} \tag{5.17}$$

可以看到式(5.17)的形式与谢才公式类似。无限宽明渠恒定(摩阻比降与坡度相等)流的谢才公式可以写成

$$v = \sqrt{\frac{2\sin\theta}{f_F}}\sqrt{gd} \tag{5.18}$$

式中,θ 为坡角;f_F 为范宁摩擦因数;d 为水深。

为了考虑坡度和底摩阻的影响,这里借用谢才公式的形式,令两个

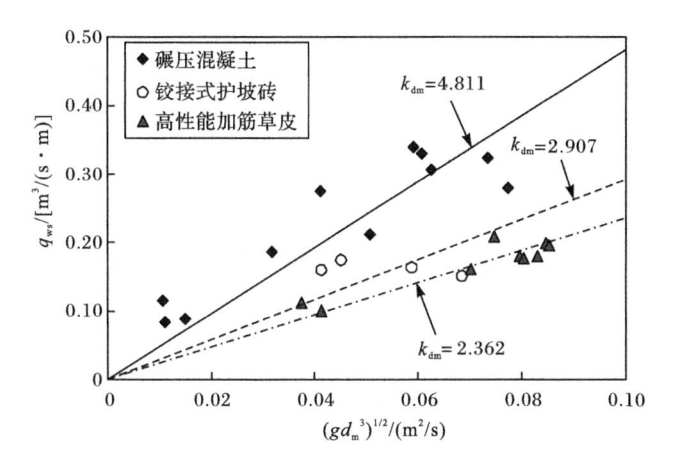

图 5.16 三种海堤内坡护坡方式的内坡平均水深和平均单宽波浪溢流量之间的关系

公式中的系数相等[44]，并使用内坡坡角（β）代替式（5.18）中的坡角（θ），即

$$k_{dm}=\sqrt{\frac{2\sin\beta}{f_F}} \tag{5.19}$$

已知内坡坡度为 1:3，可以解出碾压混凝土、铰接式护坡砖和高性能加筋草皮的范宁摩擦因数（f_F）分别为 0.0273、0.0748 和 0.1134。需要注意的是，这里的波浪溢流并非恒定流，故严格意义上讲这里解出的 f_F 并非真正意义上的范宁摩擦因数，因此在下面用等价范宁摩擦因数（f_{F*}）来替代。

至此，考虑坡度和底摩阻影响的内坡平均水深（d_m）的计算公式为

$$d_m=\left(\frac{q_{ws}^2 f_{F*}}{2g\sin\beta}\right)^{1/3} \tag{5.20}$$

内坡平均流速（v_m）的计算公式为

$$v_m=\left(\frac{2q_{ws}g\sin\beta}{f_{F*}}\right)^{1/3} \tag{5.21}$$

这里的式（5.20）和式（5.21）是试探性的拓展，其适用性还需更多试验或现场数据予以支持。

5.5.2 波高和峰值水深分布

对所有波浪溢流试验组次在 P4 点的水深时间序列采用上跨零点

法进行分析,计算内坡上每一个波浪对应的特征波高,包括均方根波高(H_{rms})、有效波高($H_{1/3}$)、显著波高($H_{1/10}$)和百分之一大波波高($H_{1/100}$)。为了检验海堤内坡上的波高分布是否仍符合瑞利分布,根据瑞利分布公式使用均方根波高(H_{rms})对有效波高($H_{1/3}$)、显著波高($H_{1/10}$)和百分之一大波波高($H_{1/100}$)进行计算,并对计算值和实测值进行比较。瑞利分布表示的各种特征波高之间关系可以写为

$$H_{1/3}=1.416H_{rms}, \quad H_{1/10}=1.80H_{rms}, \quad H_{1/100}=2.36H_{rms}$$

(5.22)

三种特征波高的计算值和实测值的比较如图 5.17 所示。从图中可以看出,$H_{1/3}$ 和 $H_{1/10}$ 的计算值和实测值拟合非常好。$H_{1/100}$ 的拟合相对离散,导致这一现象的原因可能为试验历时较短,没有足够的波浪样本来计算 $H_{1/100}$;虽然如此,瑞利分布对 $H_{1/100}$ 的计算仍处于合理范围。因此,可以认为波浪溢流过程中海堤内坡上的波高分布仍符合瑞利分布,可以根据瑞利分布,通过某一特征波高计算其他特征波高的数值。

虽然波浪溢流在海堤内坡上的时空变化可以以波高分布来描述,但对于海堤内坡防护来说,更关注的可能是波浪引起的峰值水深而非波高本身。海堤内坡上波高呈很好的瑞利分布关系,那么自然而然想到的,就是以易于得到的特征波高来表征对应的特征峰值水深。对 P4

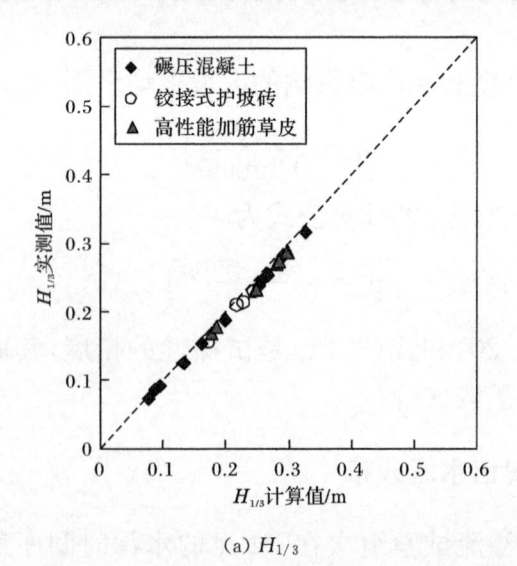

(a) $H_{1/3}$

(b) $H_{1/10}$

(c) $H_{1/100}$

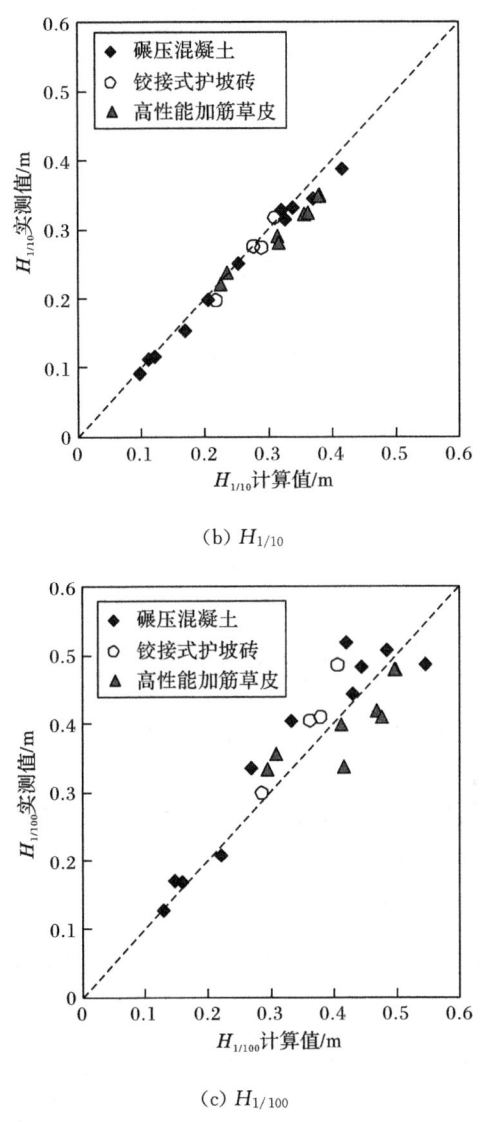

图 5.17 海堤内坡特征波高计算值与实测值比较

点的水深时间序列进行上跨零点法分析,分辨每一个波浪过程的峰值水深,并对所有峰值水深进行统计分析,可以得到均方根峰值水深(h_{rms})、三分之一峰值水深($h_{1/3}$)、十分之一峰值水深($h_{1/10}$)和百分之一峰值水深($h_{1/100}$)。注意这里的 h 是指峰值水深而非水深,即每一个波浪只对应一个峰值水深。经多次尝试,选择以无量纲参数$[R_c/(gT_p^2)]$

来表征特征峰值水深与对应的特征波高之间的关系。图 5.18 给出了 4 种特征峰值水深与对应特征波高的比值与无量纲参数 $[R_c/(gT_p^2)]$ 的关系。从图中可以看出，无量纲参数 $[R_c/(gT_p^2)]$ 越接近 0，特征峰值水深与对应的特征波高的比值越接近 1，说明在越多的相邻波浪之间会发生"断流"（即波谷水深为 0）；无量纲参数 $[R_c/(gT_p^2)]$ 为 0 时，特征峰值水深与特征波高相等，波浪溢流退化为越浪。此外，不同的海堤内坡护坡方式对数据分布趋势的影响不大。

图 5.18 中曲线为 4 种特征峰值水深与对应特征波高比值关系的拟合曲线，对应的经验公式为

$$\frac{h_{rms}}{H_{rms}} = \exp\left[350.2\left(-\frac{R_c}{gT_p^2}\right)^{1.239}\right] \qquad (5.23)$$

$$\frac{h_{1/3}}{H_{1/3}} = \exp\left[462.6\left(-\frac{R_c}{gT_p^2}\right)^{1.342}\right] \qquad (5.24)$$

$$\frac{h_{1/10}}{H_{1/10}} = \exp\left[645.3\left(-\frac{R_c}{gT_p^2}\right)^{1.442}\right] \qquad (5.25)$$

$$\frac{h_{1/100}}{H_{1/100}} = \exp\left[1431\left(-\frac{R_c}{gT_p^2}\right)^{1.619}\right] \qquad (5.26)$$

式(5.23)～式(5.26)的适用范围为本试验研究的参数范围，其决定系数(R^2)分别为 0.7845、0.7032、0.6376 和 0.6372，均方根误差(RMSE)分别为 0.0241、0.021、0.01765 和 0.01366。可通过式(5.23)～式(5.26)对波浪溢流过程中海堤内坡上的特征峰值水深进行预测。

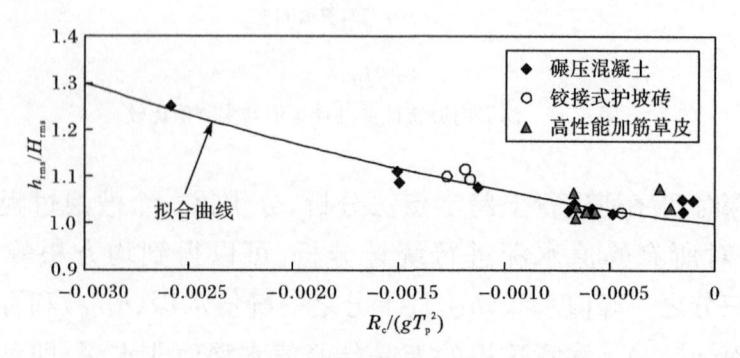

(a) h_{rms}/H_{rms}

(b) $h_{1/3}/H_{1/3}$

(c) $h_{1/10}/H_{1/10}$

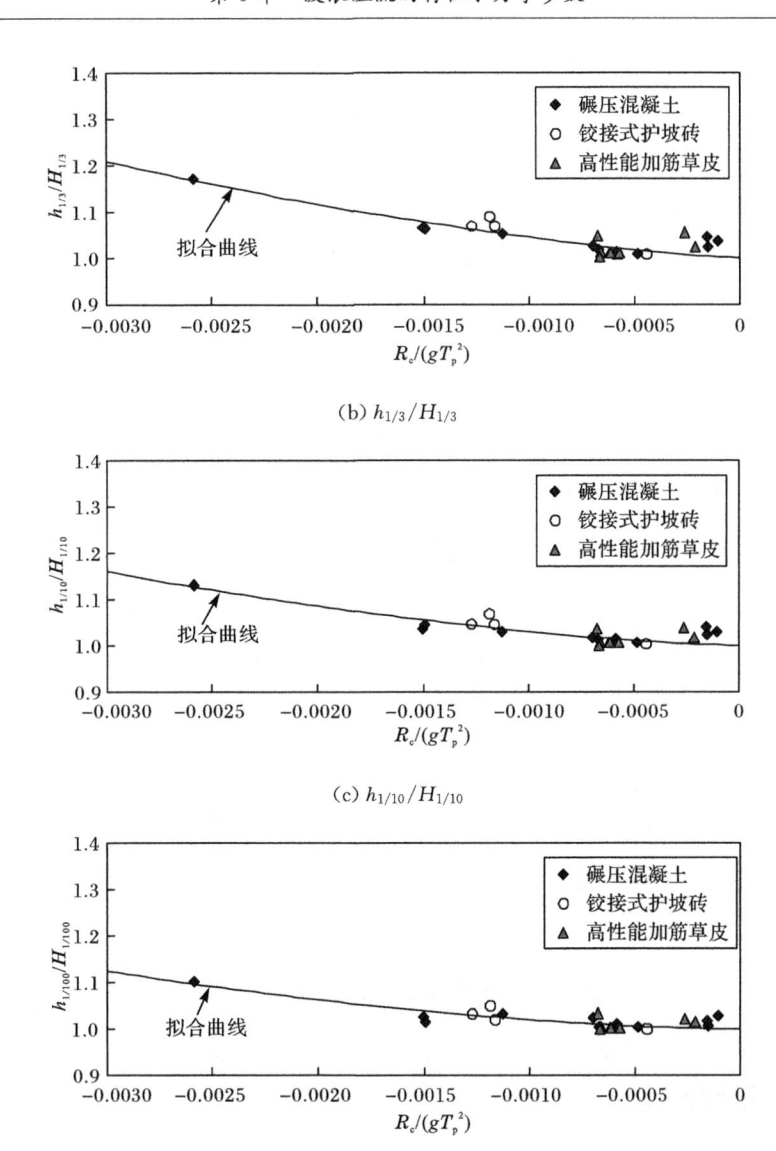

(d) $h_{1/100}/H_{1/100}$

图 5.18　海堤内坡特征峰值水深与特征波高之间的关系

5.5.3　均方根波高

由 5.5.2 小节可知,波浪溢流过程中海堤内坡上的波高呈较好的瑞利分布,且特征峰值水深与对应的特征波高之间能够建立经验关系;那么,如果有了内坡上的均方根波高(H_{rms}),就可以计算出内坡上的各种特征波高和各种特征峰值水深的值。

经多次尝试,选择以无量纲参数$[H_{rms}/(-R_c)]$与海堤相对出水高度(R_c/H_{m0})之间的关系来估算内坡均方根波高(H_{rms})的数值。图 5.19 给出了无量纲参数$[H_{rms}/(-R_c)]$与海堤相对出水高度(R_c/H_{m0})之间的关系。由图可以看出,三种海堤内坡护坡方式组次的数据表现出较为一致的分布趋势。图中拟合曲线对应的经验公式为

$$\frac{H_{rms}}{-R_c}=0.371\left(-\frac{R_c}{H_{m0}}\right)^{0.69} \tag{5.27}$$

式(5.27)的决定系数(R^2)为 0.967,均方根误差(RMSE)为 0.1364,适用范围为本试验研究的参数范围。

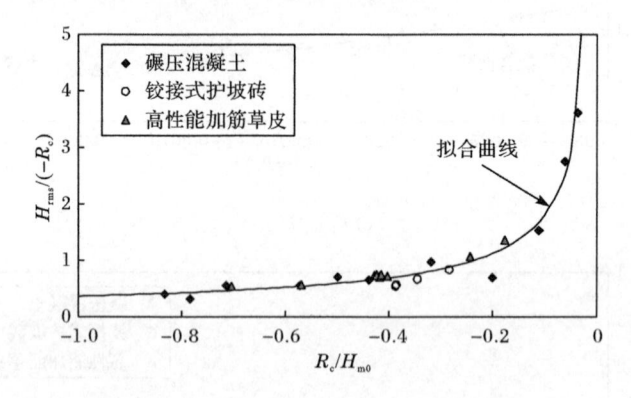

图 5.19 海堤内坡上均方根波高的估算

5.5.4 平均波速

海堤内坡上的波速可以根据相邻测点测得的水深时间序列来获取。根据每个波形在 P4 点、P5 点之间移动所需的时间和测点之间的距离计算每个单独波浪的波速,取平均值得到内坡上的平均波速。

经多次尝试,选择以水力学参数$[(gq_{ws})^{1/3}]$来表征内坡平均波速(v_w)的数值。将试验测得的内坡平均波速(v_w)以水力学参数$[(gq_{ws})^{1/3}]$为横坐标绘制于图 5.20,可以看出二者呈线性相关,且不同

的海堤内坡护坡方式对数据分布趋势的影响不大。图中拟合曲线对应的经验公式为

$$v_w = 4.325(gq_{ws})^{1/3} \tag{5.28}$$

式(5.28)的决定系数(R^2)为0.6408,均方根误差(RMSE)为0.4068,适用范围为本试验研究的参数范围。

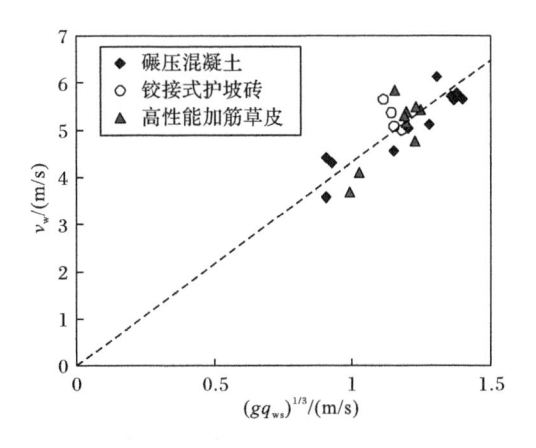

图5.20 海堤内坡平均波速的估算

5.6 堤顶和内坡水流紊动动能

围绕波浪溢流问题共进行了两期大型水槽试验,本书中除本节内容以外的分析均基于第一期试验进行。第二期试验组次较少,目的在于填补第一期试验在水流紊动动能方面的欠缺。第二期试验仍在美国俄勒冈州立大学 Hinsdale 波浪研究实验室的大水槽进行,海堤模型布置与第一期试验一致,但测试区仅安置了高性能加筋草皮,此外,为了便于进行水流紊动特征分析,每个测点在同一高度下(坡面以上6cm)安装两个侧视 ADV。第二期试验共进行了11组不同波况和海堤出水高度下的波浪溢流试验,具体组次见表5.2。所有的11组试验在4天内完成,每个组次的持续时间为1h,组次之间间隔1h来调整造波机的造波参数。试验测得的海堤出水高度范围为-0.217~-0.361m,有效波高范围为0.088~0.534m。本节仅针对第二期试验的紊动动能相关

内容进行阐述。

表 5.2 第二期试验研究的试验组次

试验组次	R_c/m	H_{m0}/m	T_p/s
1	−0.310	0.189	6.8
2	−0.297	0.281	6.8
3	−0.278	0.365	6.8
4	−0.248	0.456	7.1
5	−0.217	0.534	7.3
6	−0.361	0.088	6.8
7	−0.355	0.179	6.8
8	−0.348	0.276	6.8
9	−0.337	0.358	6.8
10	−0.315	0.438	6.8
11	−0.292	0.510	6.8

注：本书仅 5.6 节的内容基于本表所列试验组次。

5.6.1 紊动脉冲流速

以沿水槽轴向的流速为例，无表面波影响流体的瞬时流速(u)由平均流速($\bar{u}$)和紊动脉冲流速(u')两部分组成，可以写成

$$u=\bar{u}+u' \tag{5.29}$$

如果瞬时流速(u)来自单个流速仪的采集时间序列，那么紊动脉冲流速可以用方差来计算，即

$$u'^2 = \mathrm{Var}(u) = \frac{1}{N}\sum_{i=1}^{N}(u_i-\bar{u})^2 \tag{5.30}$$

式中，Var 为方差；N 为流速数据的总数。

但对于波浪溢流引起的越堤水流，存在波浪影响，瞬时流速(u)实际由平均流速($\bar{u}$)、紊动脉冲流速(u')和波浪脉冲流速($\tilde{u}$)三部分组成，如式(5.31)所示：

$$u=\bar{u}+u'+\tilde{u} \tag{5.31}$$

因此，要研究紊动脉冲流速(u')，必须提前除去波浪脉冲流速($\tilde{u}$)。

而由式(5.30)得到的脉冲流速实际是紊动脉冲流速(u')和波浪脉冲流速($\tilde{u}$)的总和,并不能消除波浪带来的流速脉动。对此,Trowbridge[45]指出两组流速仪采集流速数据可以消除单个流速仪采集数据时表面波引起的误差。Trowbridge方法的假设条件包括:波浪脉冲流速和紊动脉冲流速不相关,从统计角度波浪和紊动都是恒定的,以及表面波为非线性窄带波。本试验研究都满足以上条件。Trowbridge方法要求两个流速仪置于同一断面且间距大于紊动尺度,则紊动脉冲流速可以由两个流速仪采集的时间序列之差的方差近似得到,此时波浪误差量级很小,可忽略不计。Trowbridge使用谱方法论代替式(5.30)来计算方差,在频域内对紊动脉冲流速进行估算,以获得更具代表性的数据,可以写成

$$u'^2 = \mathrm{Var}(\Delta u) = 2\int_0^{+\infty} S(f)\mathrm{d}f \tag{5.32}$$

式中,Δu为位于同一断面且间距大于紊动尺度的两点流速之差;f为频率;S为流速谱密度。

图 5.21 以沿水槽轴向流速为例给出了 P2 点处脉冲流速单流速仪法和双流速仪法处理结果的比较。可以看到,在相对出水高度绝对值较大时($R_c/H_{m0} \leqslant -1.5$),两种方法结果几乎相同,但在相对出水高度绝对值较小时($R_c/H_{m0} > -1.5$),双流速仪法的计算结果明显小于单流速仪法,且二者的区别随着相对出水高度趋近于 0 而迅速增大;相对出水高度绝对值的减小意味着越浪比例的增大,可见表面波对紊动脉冲流速计算的影响较大,而双流速仪法能较为有效地去除波浪的影响。

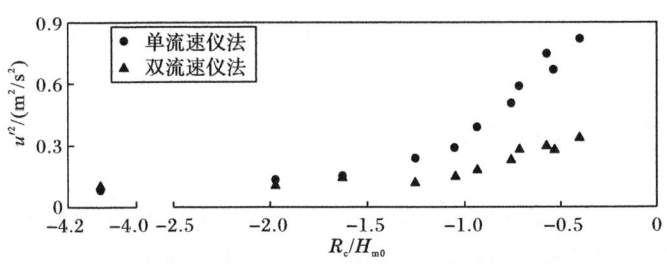

图 5.21 P2 点处脉冲流速单流速仪法和双流速仪法处理结果的比较

为了更直观地观察 Trowbridge 方法在消除波浪影响方面的作用,仍然以沿水槽轴向为例,将试验组次 9 中使用两种方法计算得到的紊动能谱绘制于图 5.22。图 5.22(a)给出单流速仪法计算结果,可以看到有大量紊动能聚集在 0.15Hz,正是该组次的波峰频率;而该峰值在图 5.22(b)所示的双流速仪法计算结果中并未出现,可见 Trowbridge 方法对于波浪脉冲流速能够实现有效地去除。因此,本书中所有的紊动脉冲流速均由 Trowbridge 方法计算得到。

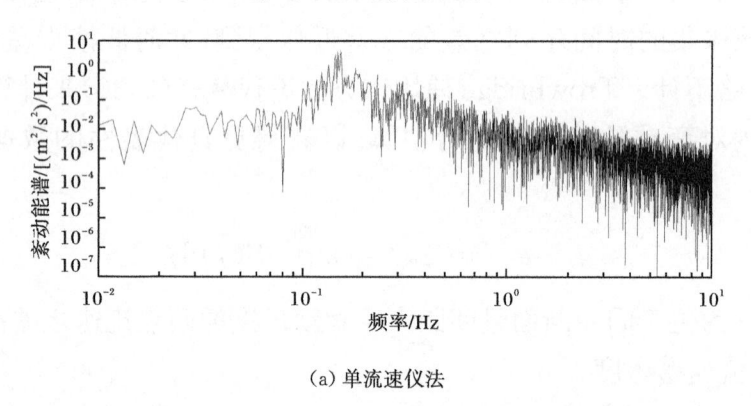

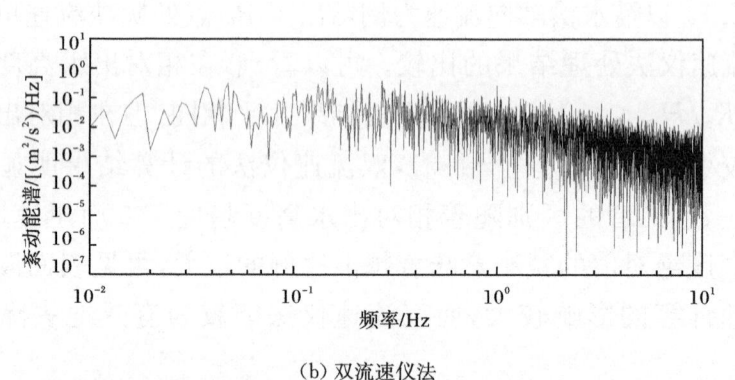

(a) 单流速仪法

(b) 双流速仪法

图 5.22　P2 点处紊动能谱单流速仪法和双流速仪法处理结果的比较

5.6.2　紊动动能的估计

由 Trowbridge 方法得到紊动脉冲流速的三个分量后,可以计算水流紊动动能。水流紊动动能由三个紊动脉冲流速计算得到,即

$$k=\frac{1}{2}(u_x'^2+u_y'^2+u_z'^2) \tag{5.33}$$

式中,k 为单位质量水体的紊动动能;u_x' 为沿水槽轴向的紊动脉冲流速;u_y' 为沿海堤模型轴向的紊动脉冲流速;u_z' 为垂直于海堤表面方向的紊动脉冲流速。

使用量纲分析,尝试建立紊动动能(k)与其他相关物理量之间的函数关系。经过多次尝试,发现紊动动能特征参数$[k/(-gR_c)]$与海堤相对出水高度(R_c/H_{m0})之间存在较好的相关关系,P2 点和 P3 点处紊动动能特征参数$[k/(-gR_c)]$与海堤相对出水高度(R_c/H_{m0})之间的关系如图 5.23 所示。

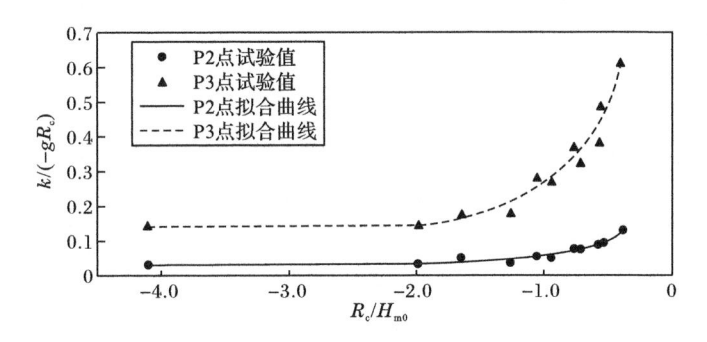

图 5.23 P2 点和 P3 点处紊动动能的估算

在 P2 点和 P3 点,以 $R_c/H_{m0}=-2.0$ 为界,紊动动能特征参数$[k/(-gR_c)]$表现出不同的分布规律。当$R_c/H_{m0}\leqslant-2.0$ 时,紊动动能特征参数$[k/(-gR_c)]$基本保持不变;当$R_c/H_{m0}>-2.0$ 时,紊动动能特征参数$[k/(-gR_c)]$随海堤相对出水高度趋近于 0 而递增。也就是说,越浪比例的增加可以增加水体的紊动程度,而当越浪的比例小到一定程度时($R_c/H_{m0}\leqslant-2.0$),波浪的影响可以忽略,水体的紊动程度只与海堤出水高度(R_c)有关。P2 点和 P3 点紊动动能的比较还表明了海堤内坡上水体的紊动强度要远远大于堤顶。

图 5.23 中 P2 点和 P3 点紊动动能的拟合曲线对应的经验公式分别由式(5.34)和式(5.35)给出。

$$\frac{k}{-gR_c} = \begin{cases} 0.0563\,(-R_c/H_{m0})^{-0.83}, & R_c/H_{m0} > -2.0 \\ 0.0328, & R_c/H_{m0} \leqslant -2.0 \end{cases}$$
(5.34)

$$\frac{k}{-gR_c} = \begin{cases} 0.263\,(-R_c/H_{m0})^{-0.89}, & R_c/H_{m0} > -2.0 \\ 0.1442, & R_c/H_{m0} \leqslant -2.0 \end{cases}$$
(5.35)

式(5.34)的决定系数(R^2)为 0.9450,均方根误差(RMSE)为 0.0171;式(5.35)的决定系数(R^2)为 0.9521,均方根误差(RMSE)为 0.0810;适用范围为表 5.2 所列出的第二期试验研究的参数范围。

第6章　波浪溢流水力学参数的标准化分析

本书的 5.4.1 小节有两个尚未解决的问题：一个是在 $-0.3 < R_c/H_{m0} < 0$ 的参数范围内，三种海堤内坡护坡方式下无量纲波浪溢流量的计算；另一个是在 $R_c/H_{m0} \leqslant -0.3$ 的参数范围内，铰接式护坡砖对应的波浪溢流量的计算。

引起以上问题的原因有两点：一是波浪溢流过程中越浪和溢流所占比例的相对大小影响其动力特征，使得波浪溢流量的分布以 $R_c/H_{m0} = -0.3$ 为界表现出不同的性质；二是不同海堤内坡护坡方式下波浪溢流量的分布趋势有所差异，需要分别进行研究。当然，铰接式护坡砖组次不足是难以对其波浪溢流量进行估算的直接原因。

由以上两点分析可知，能否在现有试验数据的条件下，找到波浪溢流水力学参数的统一分布规律，使其分布规律不受波浪溢流本身的特征和海堤内坡护坡材料的影响，这样不仅解决了 5.4.1 小节遗留的两个问题，还能将本书的研究成果拓展到不同的海堤内坡护坡方式上，而非仅限于本书研究所测试的三种护坡种类。

找这样一个统一规律看起来像是很难的问题。然而，可以从另外一个角度考虑：无波浪情况下的溢流过程相对简单，可通过经典水力学的堰流公式进行计算，其相关的理论/经验公式已经广泛应用；另外，不同海堤内坡护坡方式的差异性同样也会反映在溢流过程的水力学参数中，包括溢流量、水深、流速等。因此，本书将同等海堤出水高度（R_c）条件下的溢流与波浪溢流的对应参数进行比较，一方面寻找波浪溢流水力学参数的统一分布规律，另一方面消除海堤内坡护坡因素的影响，总结出无关海堤内坡护坡方式的统一规律。

6.1 稳定溢流量与波浪溢流量

为了研究稳定溢流量与波浪溢流量之间的一般规律,首先使用式(2.2)计算与所有波浪溢流试验组次同等海堤出水高度(R_c)的稳定单宽溢流量(q_s)(计算时C_f取5.3.1小节中的推荐值),然后以对应组次的海堤相对出水高度(R_c/H_{m0})为横坐标将所有的平均单宽波浪溢流量(q_{ws})和同等海堤出水高度(R_c)下对应的稳定单宽溢流量(q_s)的比值(q_{ws}/q_s)绘制于图6.1。可以看到,对所有的数据点,当海堤相对出水高度(R_c/H_{m0})绝对值较大时,q_{ws}/q_s趋近于1,即平均单宽波浪溢流量接近对应的稳定单宽溢流量,此时波浪溢流过程中溢流占主导地位;当海堤相对出水高度(R_c/H_{m0})绝对值趋近于0时,q_{ws}/q_s迅速增大,平均单宽波浪溢流量达到对应稳定单宽溢流量的数倍,此时波浪溢流过程中越浪占主导地位。图6.1反映的现象在Hughes和Nadal[32]的试验研究中也较为明显,Hughes和Nadal[32]指出了该现象,但并未进行进一步讨论。这种差异以$R_c/H_{m0}=-0.3$为分界点,也解释了如图5.8所示的平均单宽波浪溢流量在$R_c/H_{m0}=-0.3$两侧表现出不同的分布趋势,以及式(2.39)和式(5.9)只能用于海堤相对出水高度(R_c/H_{m0})绝对值较大的情形。因此,以$R_c/H_{m0}=-0.3$为界,将$R_c/H_{m0} \leqslant -0.3$的波浪溢流称为溢流主导的波浪溢流,将$-0.3 < R_c/H_{m0} < 0$的波浪溢流称为越浪主导的波浪溢流[46]。

图6.1中的拟合曲线从溢流和波浪溢流等价性的角度,给出了通用的波浪溢流量计算方法,可以写为

$$\frac{q_{ws}}{q_s} = 40.14\exp\left(18.69\frac{R_c}{H_{m0}}\right) + 1 \qquad (6.1)$$

式中,q_s为同等海堤出水高度下的稳定单宽溢流量,可由式(2.2)计算。式(2.2)中存在未定值C_f,本书在5.3.1小节给出了碾压混凝土、铰接式护坡砖和高性能加筋草皮的推荐值;对于本书未涉及的海堤内坡护坡材料,不可渗透的平整护面可取0.5445,其他内坡护坡材料可通过较小尺度的实验室试验进行测试,或根据曼宁系数进行估计。式(6.1)的

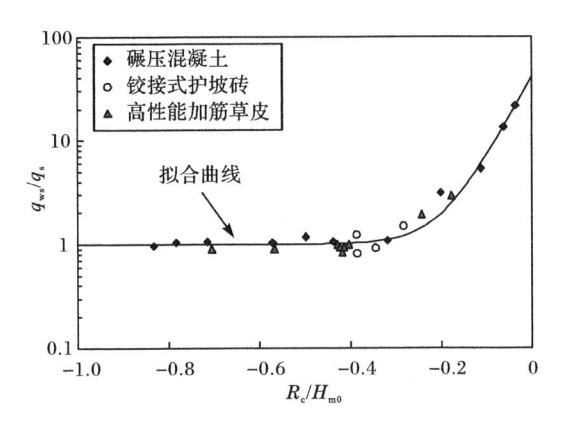

图 6.1 海堤相对出水高度(R_c/H_{m0})对 q_{ws}/q_s 的影响

决定系数(R^2)为 0.9949,均方根误差(RMSE)为 0.349,适用范围为本试验研究的参数范围。

值得注意的是,如 5.4.1 小节讨论,试验中测到的波浪溢流量为表观波浪溢流量,在护坡材料孔隙内部的渗流部分无法测量。然而,通过将同种内坡护坡条件下的稳定单宽溢流量和平均单宽波浪溢流量相比,则可以在很大程度上消除这种表观波浪溢流量的影响,从而获得通用性的规律。

6.2 内坡稳定水深与平均水深

参考波浪溢流量的处理方式,比较波浪溢流情况下的内坡平均水深(d_m)和溢流情况下的内坡稳定水深(d_s)之间的关系。首先使用式(5.4)计算与所有波浪溢流试验组次同等海堤出水高度(R_c)的内坡稳定水深(d_s)(计算时 k_d 取 5.3.2 小节中的推荐值),然后将测得的波浪溢流内坡平均水深(d_m)和计算得到的对应内坡稳定水深(d_s)的比较绘制于图 6.2。

如图 6.2 所示,二者呈简单的线性相关,波浪溢流情况下的内坡平均水深(d_m)略大于溢流情况下的内坡稳定水深(d_s),图中拟合曲线对应的线性关系为

$$d_m = 1.174 d_s \tag{6.2}$$

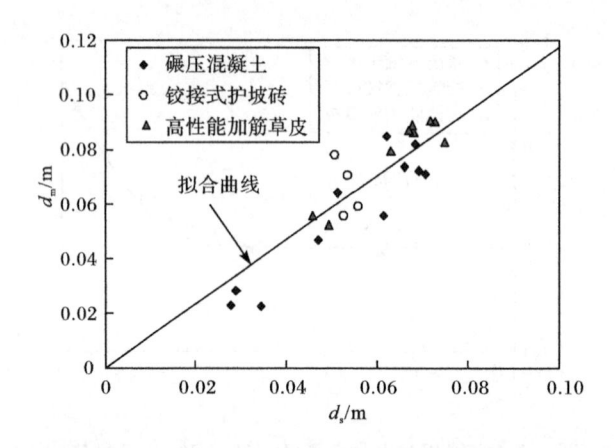

图 6.2 波浪溢流内坡平均水深(d_m)和溢流内坡稳定水深(d_s)之间的关系

式中,d_s为同等海堤出水高度下溢流的内坡稳定水深,可由式(5.4)计算。式(5.4)中存在未定值k_d,本书在5.3.2小节给出了碾压混凝土、铰接式护坡砖和高性能加筋草皮的推荐值;对于本书未涉及的海堤内坡护坡材料,不可渗透的平整护面可取0.1732,其他内坡护坡材料可通过较小尺度的实验室试验进行测试,或根据曼宁系数进行估计。式(6.2)的决定系数(R^2)为0.8009,均方根误差(RMSE)为0.009323,适用范围为本试验研究的参数范围。

6.3 内坡稳定流速与平均流速

参考波浪溢流量的处理方式,比较波浪溢流情况下的内坡平均流速(v_m)和溢流情况下的内坡稳定流速(v_s)之间的关系。首先使用式(5.6)计算与所有波浪溢流试验组次同等海堤出水高度(R_c)的内坡稳定流速(v_s)(计算时k_v取5.3.3小节中的推荐值),然后将所有的内坡平均流速(v_m)和同等海堤出水高度(R_c)下对应的内坡稳定流速(v_s)的比值(v_m/v_s)以海堤相对出水高度(R_c/H_{m0})为横坐标绘制于图6.3。可以看到,对所有的数据点,当海堤相对出水高度(R_c/H_{m0})绝对值较大时,v_m/v_s趋近于1,即波浪溢流内坡平均流速接近对应的溢流内坡稳定流速,此时波浪溢流过程中溢流占主导地位;当海堤相对出水高度

(R_c/H_{m0})绝对值趋近于 0 时，v_m/v_s 迅速增大，波浪溢流内坡平均流速达到对应溢流内坡稳定流速的数倍，此时波浪溢流过程中越浪占主导地位。与波浪溢流量和溢流量关系类似，这种差异以 $R_c/H_{m0}=-0.3$ 为分界点，溢流主导的波浪溢流和越浪主导的波浪溢流对 v_m/v_s 的影响同样显著。

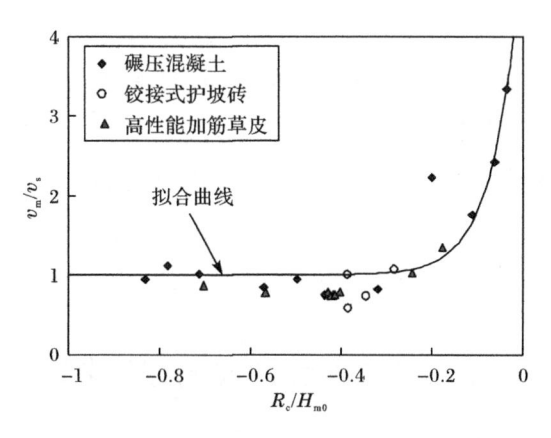

图 6.3 海堤相对出水高度(R_c/H_{m0})对 v_m/v_s 的影响

图 6.3 中给出的拟合曲线从溢流和波浪溢流等价性的角度，给出了通用的波浪溢流内坡平均流速计算方法，可以写为

$$\frac{v_m}{v_s}=4.268\exp\left(16.8\frac{R_c}{H_{m0}}\right)+1 \tag{6.3}$$

式中，v_s 为同等海堤出水高度下溢流的内坡稳定流速，可由式(5.6)计算。式(5.6)中存在未定值 k_v，本书在 5.3.3 小节给出了碾压混凝土、铰接式护坡砖和高性能加筋草皮的推荐值；对于本书未涉及的海堤内坡护坡材料，不可渗透的平整护面可取 2.628，其他内坡护坡材料可通过较小尺度的实验室试验进行测试，或根据曼宁系数进行估计。式(6.3)的决定系数(R^2)为 0.9081，均方根误差(RMSE)为 0.1952，适用范围为本试验研究的参数范围。

第 7 章　海堤内坡护坡侵蚀分析与海堤侵蚀概念模型

本章主要阐述两部分内容：第一部分为海堤内坡护坡的侵蚀特征分析，介绍大型水槽试验期间测得的三种海堤内坡护坡材料的侵蚀情况，并分析各自的侵蚀特征及抗侵蚀能力；第二部分为海堤侵蚀概念模型，基于大型水槽试验数据和侵蚀函数测定仪试验数据，提出海堤内坡侵蚀和溃堤过程的概念模型，解释现有海堤侵蚀溃堤研究成果之间差异性的产生原因，提出高性能加筋草皮的破坏模式和测试方法。

7.1　海堤内坡护坡的侵蚀特征

基于大型水槽试验期间的侵蚀测量，对碾压混凝土、铰接式护坡砖和高性能加筋草皮三种内坡护坡在波浪溢流条件下的侵蚀特征进行分析。

7.1.1　碾压混凝土侵蚀特征

试验中铺设的碾压混凝土层厚度为 30cm，其表面层的局部因为压实不均匀而存在少量较为松散的部分。试验期间，相对松散的表面层被冲走，在碾压混凝土表面有不同特征的侵蚀。但是侵蚀仅限于较松散的表面层，最大侵蚀深度未超过 25mm，松散部分被冲走后侵蚀即停止发展。针对观测到的碾压混凝土表面侵蚀特征，分别进行了整体侵蚀情况的面积观测和局部侵蚀点的侵蚀深度观测。本小节分别根据侵蚀面积观测和侵蚀深度观测结果，对波浪溢流试验期间的碾压混凝土侵蚀特征进行分析。

1. 总体侵蚀情况

为了对碾压混凝土表面侵蚀的总体情况进行直观的描述，根据试验期间观测到的碾压混凝土表面侵蚀特征，将其按照侵蚀程度分成深侵蚀、浅侵蚀和无侵蚀三个等级[33]。深侵蚀是指碾压混凝土表面出现较为明显的侵蚀坑;浅侵蚀分为两类:骨料裸露(骨料露出,但无明显的侵蚀坑出现)和表层混凝土剥落(无骨料裸露,但出现表面混凝土剥落);无侵蚀是指无明显可见的侵蚀发生。三个侵蚀等级的示例如图7.1所示。

(a) 深侵蚀

(b) 浅侵蚀(骨料裸露)

(c) 浅侵蚀(表层混凝土剥落)

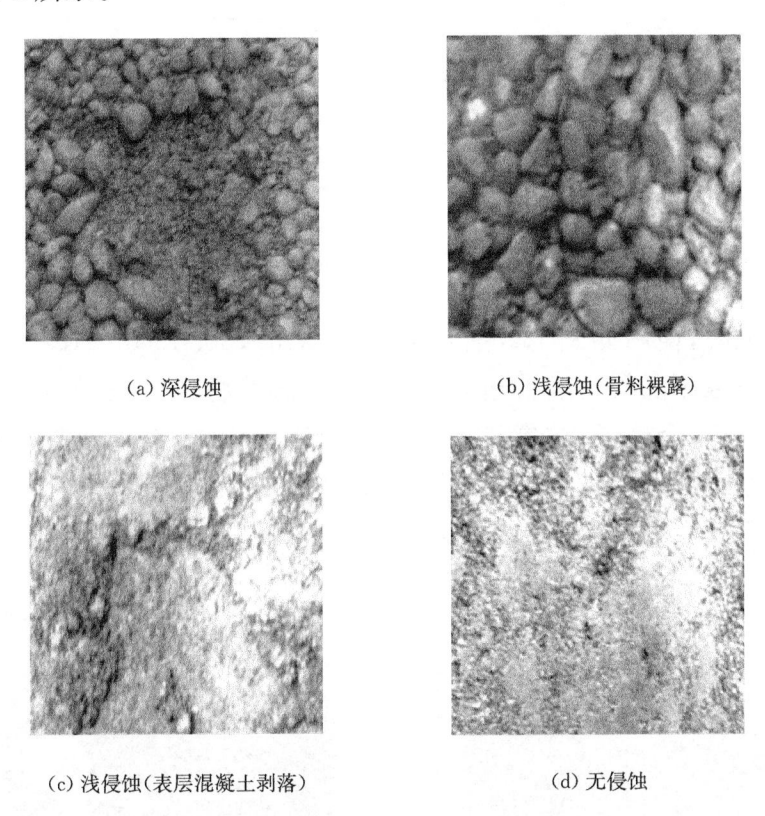

(d) 无侵蚀

图7.1 碾压混凝土的表面侵蚀等级

在波浪溢流试验期间,通过拍照的方式对四个预先选定的区域进行侵蚀情况观测。四个观测区域包括:位于堤顶的区域(Ⅰ)、位于内坡顶部的区域(Ⅱ)、位于内坡上部的区域(Ⅲ)和位于内坡中部的区域(Ⅳ),如图7.2所示。因为碾压混凝土表面的侵蚀较弱,相邻两次试验后表面侵蚀特征变化不大,故未在每次试验后均进行侵蚀观测,而是选择具有代表性的组次进行了4次表面侵蚀情况观测。第一次观测在波浪溢流试验组次4结束后(所有溢流试验先于波浪溢流试验完成),第二次观测在波浪溢流试验组次 7 结束后,第三次观测在波浪溢流试验组次 9 结束后,第四次观测在所有的波浪溢流试验结束后。

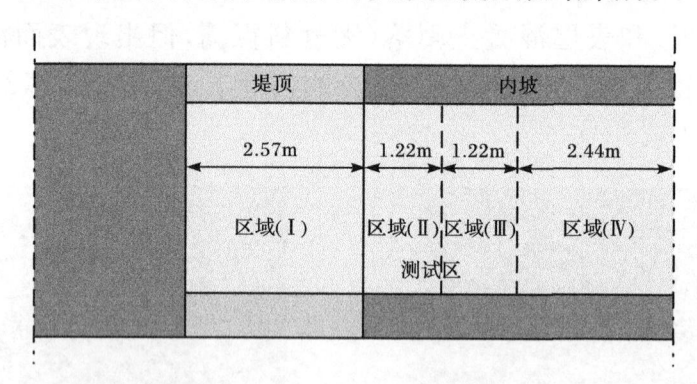

	堤顶	内坡		
	2.57m	1.22m	1.22m	2.44m
	区域(Ⅰ)	区域(Ⅱ)	区域(Ⅲ)	区域(Ⅳ)
		测试区		

图 7.2 碾压混凝土侵蚀测量区

观测时,使用如图 7.3 所示的 30.48cm×30.48cm(1ft×1ft)的空心框架对碾压混凝土表面进行丈量,使用细线将框架内部区域分成等间距的 6×6 个格子,放置于碾压混凝土表面后,记录每个格子内部的侵蚀状态(深侵蚀、浅侵蚀或无侵蚀)。测量结束后,在每个区域内对三种侵蚀程度的格子面积占本区域总面积的百分比进行统计。

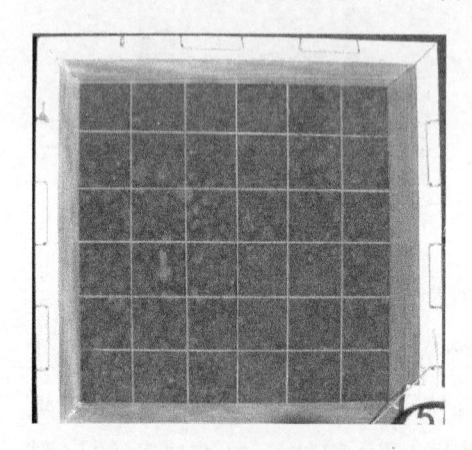

(a) 空心框架　　　　　　　　　　(b) 观测过程

图 7.3 碾压混凝土表面侵蚀情况观测

图 7.4～图 7.7 给出了四个观测区域内三种不同侵蚀程度表面所占的百分比的变化过程。总体来说,对于所有的四个观测区域,最后一

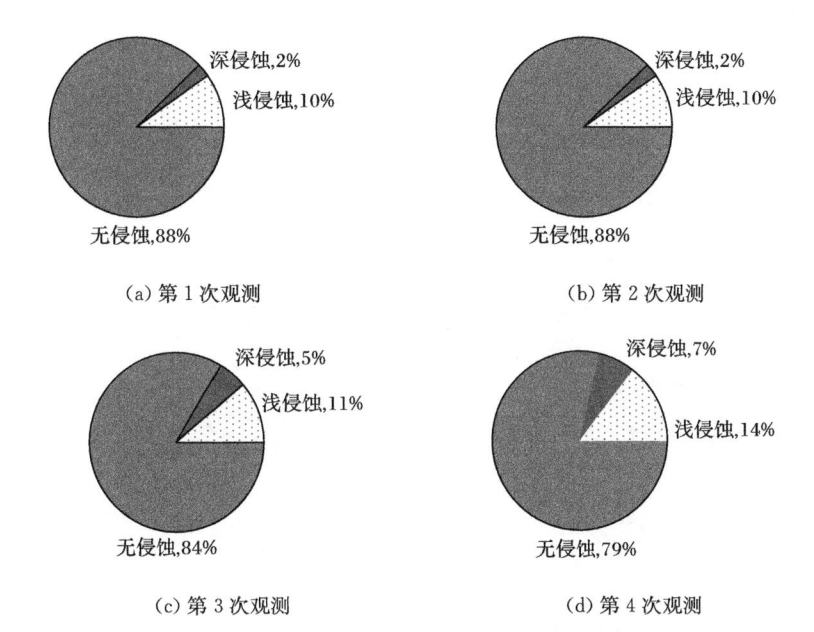

第 7 章　海堤内坡护坡侵蚀分析与海堤侵蚀概念模型

(a) 第 1 次观测　　　　　　　　(b) 第 2 次观测

(c) 第 3 次观测　　　　　　　　(d) 第 4 次观测

图 7.4　区域（Ⅰ）侵蚀情况

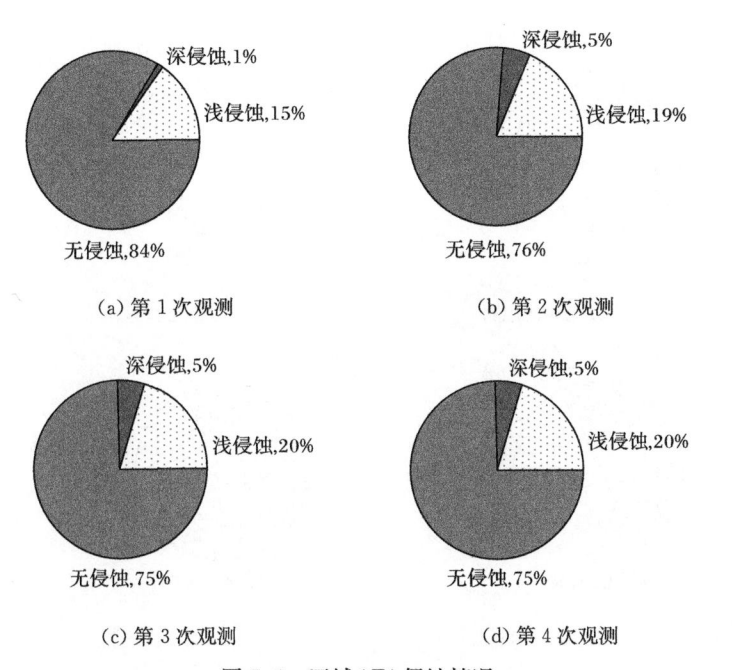

(a) 第 1 次观测　　　　　　　　(b) 第 2 次观测

(c) 第 3 次观测　　　　　　　　(d) 第 4 次观测

图 7.5　区域（Ⅱ）侵蚀情况

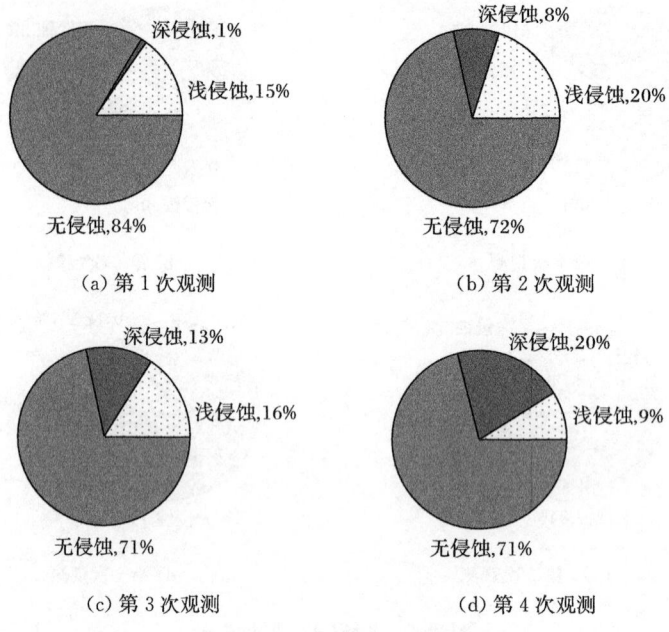

(a) 第 1 次观测 — 深侵蚀,1%；浅侵蚀,15%；无侵蚀,84%

(b) 第 2 次观测 — 深侵蚀,8%；浅侵蚀,20%；无侵蚀,72%

(c) 第 3 次观测 — 深侵蚀,13%；浅侵蚀,16%；无侵蚀,71%

(d) 第 4 次观测 — 深侵蚀,20%；浅侵蚀,9%；无侵蚀,71%

图 7.6　区域(Ⅲ)侵蚀情况

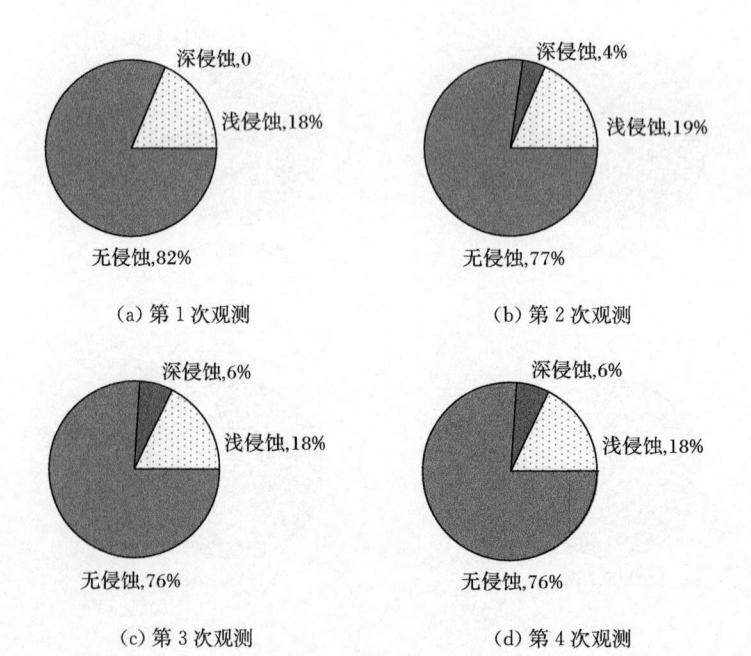

(a) 第 1 次观测 — 深侵蚀,0；浅侵蚀,18%；无侵蚀,82%

(b) 第 2 次观测 — 深侵蚀,4%；浅侵蚀,19%；无侵蚀,77%

(c) 第 3 次观测 — 深侵蚀,6%；浅侵蚀,18%；无侵蚀,76%

(d) 第 4 次观测 — 深侵蚀,6%；浅侵蚀,18%；无侵蚀,76%

图 7.7　区域(Ⅳ)侵蚀情况

次观测的无侵蚀表面比例都超过了70%,表明海堤内坡的整体情况较好。侵蚀发展的一个明显的特征为,很大一部分侵蚀是发生在第一次观测之前,而在两次相邻的观测之间侵蚀仅略有增长。对于此现象的解释为:碾压混凝土表面侵蚀主要发生在初始缺陷处(表面的松散层),在开始的几次试验中,初始缺陷处的松散层遭到侵蚀,松散的表层很快被冲走;而在初始缺陷处的松散层被冲走以后,侵蚀发展将会变得非常困难,除非遇到强烈的局部水动力。第1次观测之后,碾压混凝土表面的无侵蚀向浅侵蚀的发展变得非常缓慢,但是在第1次至第4次观测期间,有一部分浅侵蚀转化为深侵蚀,在区域(Ⅲ)尤为明显,如图7.6所示。总体来说,区域(Ⅱ)和区域(Ⅲ)侵蚀相对较大,这与这两个区域的水流条件较复杂有关。

2. 局部侵蚀点监测

在第一次溢流试验后,在海堤模型的堤顶和内坡上选择四个较明显的深侵蚀位置(E1、E2、E3、E4),在之后的试验过程中对其侵蚀深度进行监测。E1~E4深侵蚀发生位置如图7.8所示。在对深侵蚀的测量中,使用长钢尺来确定未被侵蚀的碾压混凝土表面位置,使用游标卡尺对深侵蚀的深度进行测量。

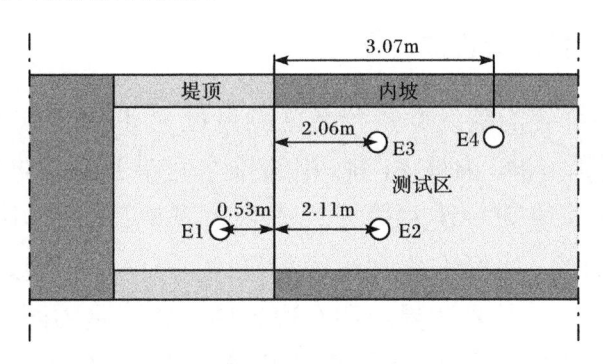

图7.8 局部深侵蚀点监测位置

E1~E4深侵蚀的深度发展过程如图7.9所示。可以看到,大部分侵蚀发生在第一次试验(溢流试验组次1)之后,而在第一次试验后的所有试验组次中,所有监测点深侵蚀的深度增加都极为缓慢。这一现象同样说明,碾压混凝土表面侵蚀主要是由其初始缺陷引起。在开始的几次试验中,初始缺陷处的松散层遭到侵蚀,松散的表层很快被冲走;而在初始缺陷处的松散层被冲走以后,侵蚀发展将会变得非常困难,除非遇到强烈的局部水动力。还有一个值得注意的现象是,最后几次试验组次后,几处局部监测点的侵蚀深度又略有增加,此时引起侵蚀深度增加的原因可能为长时间的浸泡和冲刷后,碾压混凝土表面的松散层变得进一步松散,但这种增加的量级仍然很小,最大侵蚀深度增加了5mm(监测点E1)。

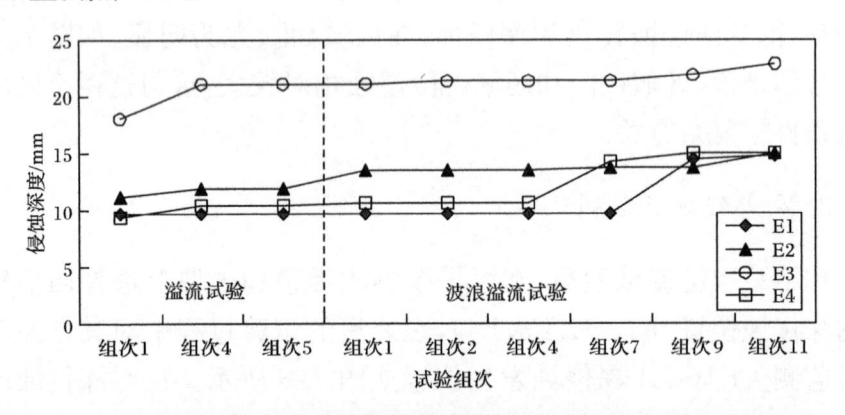

图 7.9 E1~E4 深侵蚀的侵蚀深度发展过程

7.1.2 铰接式护坡砖侵蚀特征

铰接式护坡砖的铺设方式和高度测量位置如图 7.10 所示,共铺设 30 排,其中堤顶 6 排,内坡 24 排,相邻排之间错开半块进行咬合;每一排包括 4 块标准块和一块左边界块或右边界块;左边界块或右边界块为连接在一起的一块标准块和半块标准块,因单块铰接式护坡砖有上下游之分(图 1.4),故左边界块和右边界块结构上是不同的。

所有试验组次之前,以及每个试验组次之后,对如图 7.10 所示的第 2 排(堤顶)、第 5 排(堤顶)、第 8 排(内坡顶部)、第 10 排(内坡上部)、第 12 排(内坡上部)和第 15 排(内坡中部)的所有铰接式护坡砖的高程进行测量,取每一排所有砖块高程的均值为当前位置铰接式护坡砖的高程,并与初始高程相减,得到当前位置铰接式护坡砖的沉降量或抬升量。

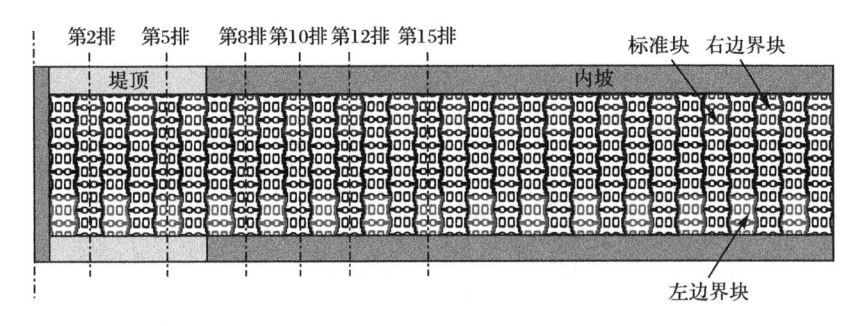

图 7.10　铰接式护坡砖的铺设方式和高度测量位置

采用水平激光光源配合钢尺进行铰接式护坡砖的高程测量。如图 7.11 所示，使用水平激光光源标记一个水平面，使用钢尺测量铰接式护坡砖中部距该水平面的垂直距离。

(a) 测量过程　　　　　　　　　　(b) 水平激光光源

图 7.11　铰接式护坡砖的高程变化测量

试验期间铰接式护坡砖的高程测量结果如图 7.12 所示。从图中可以看出，每一排的沉降（负）或抬升（正）显得较为杂乱，随位置的变化无明显规律，随时间的推移也无明显规律，其变化量级在±5mm 以内。通常意义上，测量得到的沉降说明了铰接式护坡砖下方土壤的流失，测量得到的抬升说明了铰接式护坡砖下方土壤的吸水膨胀。然而，但这里的沉降和抬升测量结果量级很小，且规律性不明显，因此认为试验期间堤顶到内坡中部的铰接式护坡砖均无明显沉降或抬升，其下土壤无明显侵蚀。

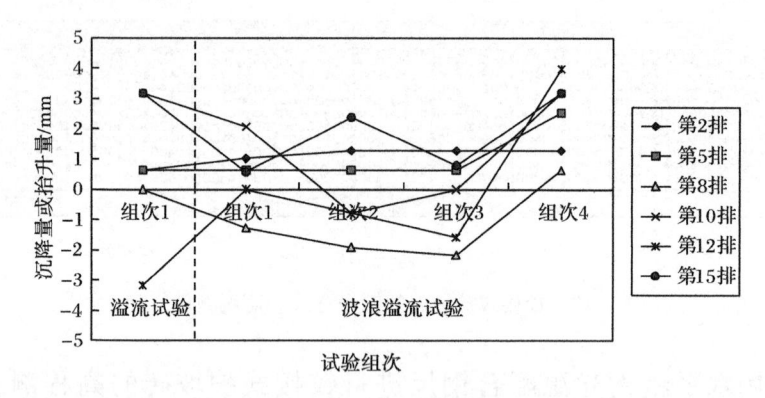

图 7.12 铰接式护坡砖的沉降（负）或抬升（正）

7.1.3 高性能加筋草皮侵蚀特征

从试验现象、表面土壤侵蚀和植被损失三个方面对海堤内坡的高性能加筋草皮侵蚀特征进行分析。

1. 试验现象

与碾压混凝土和铰接式护坡砖不同，高性能加筋草皮作为内坡护坡材料的试验期间观测到水槽内的水明显变浑浊，并且在试验间隙有土颗粒沉淀在海堤模型外坡顶部（水槽中的水循环使用，受到侵蚀的土颗粒通过循环系统回到海堤模型上游），如图 7.13 所示。以上观测说明一定量的土壤会被水流从高性能加筋草皮上带走。

所有试验结束之后，高性能加筋草皮的总体情况仍然良好，未观测到明显的表面侵蚀，也未见明显的植被破坏，如图 7.14 所示。在某些位置，拨开表面植被可以观测到生态加筋网有轻微的裸露，裸露高度在 0.5cm 以下，如图 7.15 所示。

2. 表面土壤侵蚀

所有试验组次之前以及每个试验组次之后，在如图 7.16 所示的位于堤顶和内坡上 44 个土面高程测量点对高性能加筋草皮土面高度进

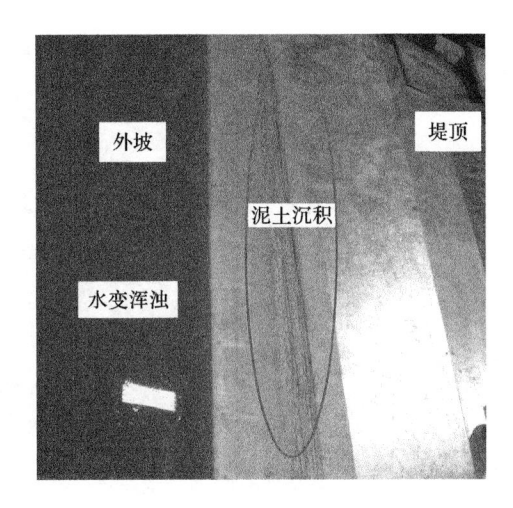

图 7.13 试验间隙土颗粒沉淀在海堤模型外坡顶部

图 7.14 高性能加筋草皮的总体情况

行测量。取每个水力学数据测量点(P1~P5)周围的 8 个土面高程测量点测得数据的均值为每个水力学数据测量点处的土面高程,与初始测量值相减得到对应试验组次后的土面侵蚀高度。此外,为了研究长期浸泡对高性能加筋草皮侵蚀特征的影响,在试验间隙水位线以下(即高性能加筋草皮试验期间浸泡在水中 5 天)也进行了 8 个点的测量,取均

图 7.15　生态加筋网的轻微裸露

值得到淹没区的土面高程,以计算对应的淹没区的土面侵蚀高度。土面高程测量中,使用特制的长凳确定测量基准面,长凳的两脚放置于测试区两侧的水泥边缘,并可沿堤顶和内坡自由滑动;使用钢尺测量土面距长凳顶面的距离,测量过程如图 7.17 所示。

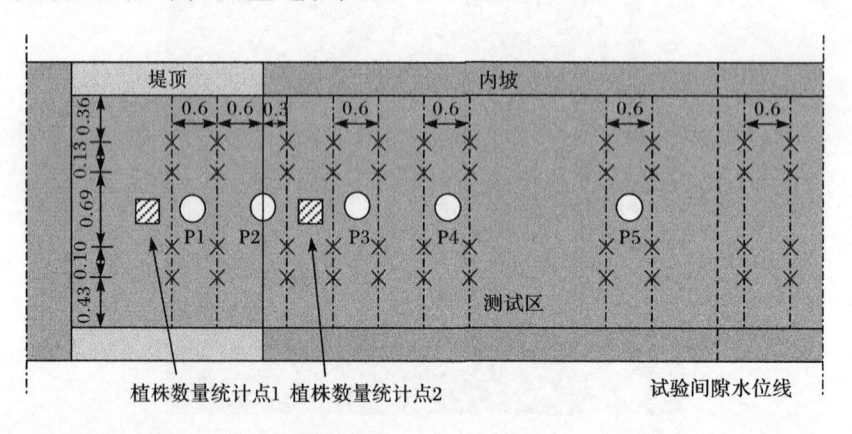

图 7.16　土面高程测量点和植株数量统计点(单位:m)

各点土面侵蚀高度发展过程如图 7.18 所示。从图中可以看出,一个明显的现象是在波浪溢流组次 4 后的所有组次中,P1 点至 P5 点的土面侵蚀高度增加非常缓慢,土面侵蚀高度在组次 4 后已经接近最大值;但淹没区的土面侵蚀高度在整个过程中保持持续增加。本书将高性能加筋草皮的这种土面侵蚀高度停止发展的现象称为侵蚀上限[47]。

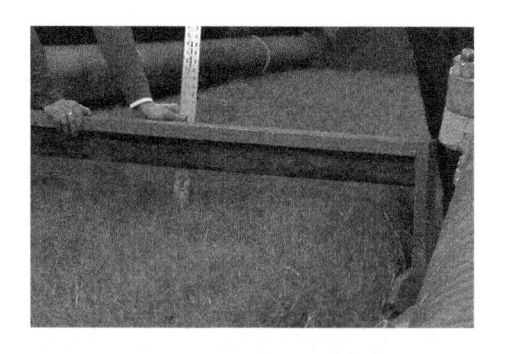

图 7.17 土面高程测量过程

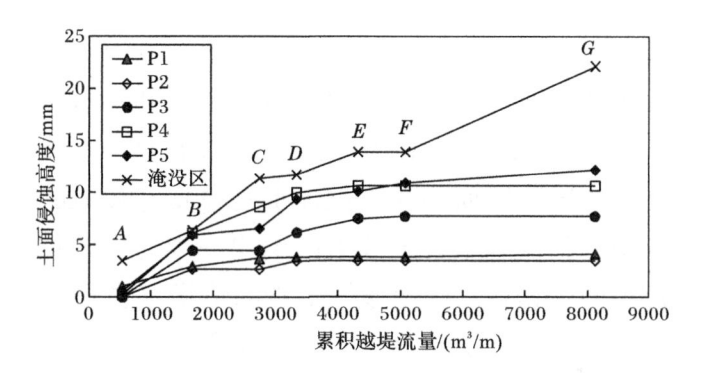

图 7.18 土面侵蚀高度发展过程

A、B、C、D、E、F 和 G 分别对应波浪溢流组次 1、2、3、4、5、6 和 9 之后的土面侵蚀高度

侵蚀上限存在的原因可以通过图 7.19 来解释:受水流冲刷之前,高性能加筋草皮的顶部(生态加筋网以上)覆盖一层薄土,该土层仅受到表面以上的植被保护,易被水流侵蚀;试验期间,生态加筋网以上的这一层土层连同生态加筋网内部靠上部分的土壤一起被水流带走,形成了一定高度的生态加筋网裸露,如图 7.15 所示;裸露的生态加筋网以及草的茎叶一起形成了更好的保护效果,此外,随着土面侵蚀高度的增大,深处的土壤、根系、生态加筋网之间本身的结合力越强,则其抗侵蚀强度越大。在此双重作用下,高性能加筋草皮的侵蚀速率逐渐减小,直至侵蚀停止发展。达到侵蚀上限后,除非水动力强度大幅度提高,否则侵蚀几乎不再增长。而对于淹没区的高性能加筋草皮,长期的浸泡破坏了土壤、根系、生态加筋网之间的紧密结合,侵蚀上限现象不明显。

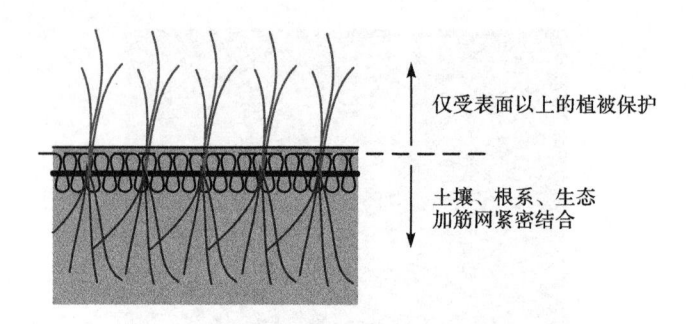

图 7.19　高性能加筋草皮侵蚀上限的存在机理

从图 7.18 可以看出，侵蚀上限随测点位置的降低而增长，即位于堤顶的 P1 点和 P2 点侵蚀上限非常接近，而自 P2 点至 P5 点侵蚀上限依次增大。该现象符合内坡水流规律，随着位置的降低，流速、切应力、紊动强度等均会提高，无疑会造成侵蚀上限的增大。土壤侵蚀过程因影响因素众多，十分复杂，而加入高性能加筋草皮，更增加了其复杂性。故本试验中有限的组次难以对侵蚀上限给出一个有效的估算方法。本书根据几个测点的数据初步给出侵蚀上限的估算方法[44]，可以写成

$$E_{max} = 11.23 v_{ws} - 16.24 \tag{7.1}$$

式中，E_{max} 为高性能加筋草皮的侵蚀上限，mm；v_{ws} 为内坡平均流速，m/s。但限于试验组次，考虑的因素也较少，式(7.1)只限于研究性探讨，不建议用于计算实际情况。

尽管存在侵蚀上限，但是在达到侵蚀上限之前高性能加筋草皮的侵蚀同样也是海堤防护关注的问题。如图 7.18 所示，在波浪溢流组次 5 以后侵蚀增长缓慢，故组次 1～组次 4 的高性能加筋草皮处于未达到侵蚀上限状态。将 P1 点、P3 点、P4 点和 P5 点的波浪溢流组次 1～组次 4 的单组试验土面侵蚀高度以内坡平均流速(v_{ws})为横坐标绘制于图 7.20。P2 点处于堤顶与内坡交界处，流向发生突变，故此处未一并讨论。从图中可以看出，存在一个临界流速(约为 1.75m/s)，当内坡平均流速(v_{ws})超过该临界值时，发生侵蚀。侵蚀发生后的侵蚀速率和平均流速(v_{ws})大致呈线性关系。

图 7.20 中的拟合曲线对应的经验公式为

$$r_E = 5.3 v_{ws} - 9.3 \tag{7.2}$$

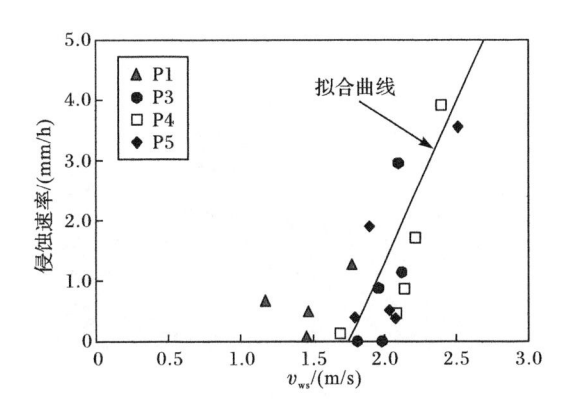

第7章 海堤内坡护坡侵蚀分析与海堤侵蚀概念模型

图 7.20 侵蚀速率和内坡平均流速之间的关系

式中，r_E 为侵蚀速率，mm/h。式(7.2)的适用范围为 1.75m/s<v_{ws}<2.5m/s。与式(7.1)相同，限于试验组次，考虑的因素也较少，式(7.2)只限于研究性探讨，不建议用于计算实际情况。

3. 植被损失

所有试验组次之前以及每个试验组次之后，对堤顶上和内坡上两个选定区域的草茎数和草叶数进行人工统计。狗牙根草结构如图 7.21 所示，在一根草茎上可能存在数片草叶，查数时分别进行统计，统计过程如图 7.22 所示。进行植株数量统计的选定区域形状为 76.2mm×76.2mm(3in×3in)的正方形，位置如图 7.16 所示，分别位于堤顶和内坡顶部。

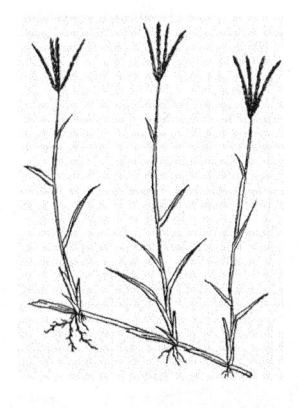

图 7.21 狗牙根草结构

图 7.22　高性能加筋草皮的植株数量统计

图 7.23 给出了试验期间记录的草茎密度的变化过程。从图中可以看出，在所有的波浪溢流试验过程中，两个植株数量统计点的草茎密度几乎没有减少，这证明了在本试验研究的水力学参数范围和植被生长条件下，高性能加筋草皮的草茎很难被水流带走。由于在波浪溢流期间草茎密度保持稳定，因此在自然状态下风暴潮过后植被能够得到有效的恢复，这对于海堤的可持续防护具有重要意义。

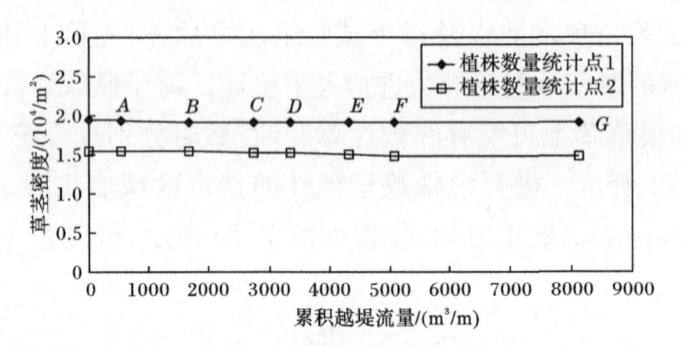

图 7.23　草茎密度变化过程

A、B、C、D、E、F 和 G 分别为波浪溢流组次 1、2、3、4、5、6 和 9 之后的草茎密度

图 7.24 给出了试验期间草叶密度的变化过程。从图中可以看出，在开始的 4 个波浪溢流试验组次期间，草叶密度一直下降（前两次试验组次期间下降得非常明显）；但是在组次 4 之后，两个植株数量统计点的草叶密度趋于稳定。由于草叶密度会受到草茎密度的影响，因此使用草叶密度除以草茎密度得到单株草茎上的平均草叶数来消去草茎密

度的影响。图 7.25 给出了试验期间单株草茎上的平均草叶数变化过程。从图中可以看出,单株草茎上的平均初始叶片数为 8~9 片,在前 4 次试验期间叶片数量不断减少;在波浪溢流组次 4 之后,单株草茎上的平均草叶数保持在 3~4 片。单株草茎上的平均草叶数变化特点说明了在本试验研究的水力学参数范围和植被生长条件下,草叶的损失量存在一个上限,达到了这个上限之后,剩下的草叶将很难再被水流带走。

对于两个植株数量统计点来说,植被生长的差异性使得初始的草茎密度、草叶密度均有所差异,但二者的变化过程表现出相同的规律性。

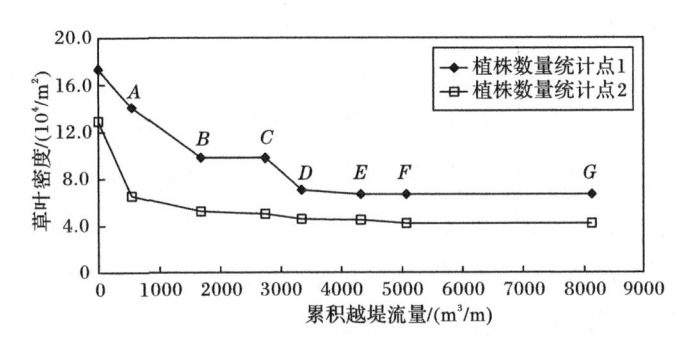

图 7.24 草叶密度的变化过程

A、B、C、D、E、F 和 G 分别为波浪溢流组次 1、2、3、4、5、6 和 9 之后的草叶密度

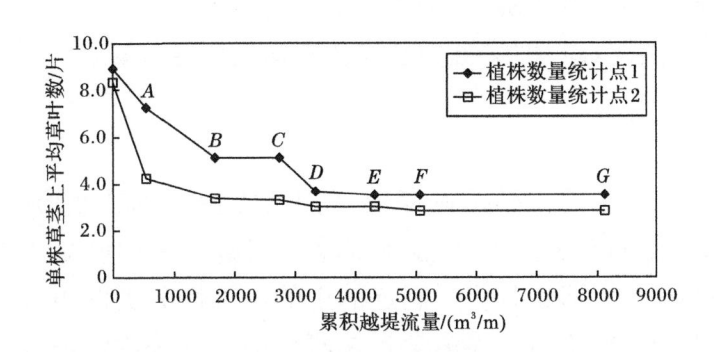

图 7.25 单株草茎上平均草叶数的变化过程

A、B、C、D、E、F 和 G 分别为波浪溢流组次 1、2、3、4、5、6 和 9 之后的单株草茎上的平均草叶数

7.2　海堤侵蚀概念模型

通过对三种不同海堤内坡护坡材料侵蚀特征的比较,可以发现在波浪溢流条件下,碾压混凝土和铰接式护坡砖基本不会出现结构性破坏,能够完全胜任试验波浪溢流条件下的海堤内坡保护;高性能加筋草皮在试验的参数范围内同样没有出现明显的结构性破坏,但能够观测到规律性的水力侵蚀现象,因此需对其抗侵蚀性进行进一步讨论。

另一方面,随着社会经济的发展,人们对工程的生态性和安全性都提出了更高要求。因此,与硬式护坡和纯草皮护坡相比,兼具生态性与强度的高性能加筋草皮有更广阔的应用前景。

为了进一步解释高性能加筋草皮在大型水槽试验和侵蚀函数测定试验期间的实测数据,探讨在高性能加筋草皮保护下海堤的侵蚀破坏特征,本书在高性能加筋草皮的大型水槽试验和侵蚀函数测定试验的基础上,结合海堤侵蚀和溃堤的相关研究成果,提出海堤内坡侵蚀和溃堤的概念模型,解释现有研究中的不统一之处,在此基础上指出高性能加筋草皮的破坏模式并提出测试方法。

7.2.1　关于海堤侵蚀的两个问题

多年来很多学者对堤防的侵蚀破坏过程进行了大量研究,目前在两个问题上存在分歧,即关键控制参数和初始侵蚀位置。

1. 关键控制参数

对于侵蚀过程的关键控制参数,前人研究中通常采用流速或切应力。例如,Nelson[11]通过现场溢流试验分别给出了加筋草皮的容许流速和容许切应力;Briaud 等[38]制定的土的可蚀性分类图也分别按照流速和切应力的标准给出。很多学者在研究中分别采用流速和切应力作为判定侵蚀程度的关键参数,也有学者二者只用其一。

对于 Nelson[11]研究涉及的明渠均匀流,以及 Briaud 等[38]研究涉及的恒定有压流来说,关键参数的分歧并不重要,因为其流速和切应力是

第7章 海堤内坡护坡侵蚀分析与海堤侵蚀概念模型

——对应的关系。然而对于波浪溢流过程,沿堤顶和内坡的平均流速与平均切应力的分布规律并不完全一致,因为其切应力的计算涉及流速对时间的偏导数、流速和水深对空间的偏导数等,参见式(2.7)。那么在波浪溢流过程中,影响土壤侵蚀的关键参数是流速还是切应力呢?为了回答这个问题,首先计算波浪溢流大型水槽试验期间每个测点处的内坡平均流速(v_m)和内坡平均切应力(τ_m)。内坡平均流速(v_m)由波浪溢流量除以每个测点的内坡平均水深(d_m)得到,内坡平均切应力(τ_m)由式(2.9)根据每个测点的水深时间序列和流速时间序列计算切应力时间序列后取均值得到。在 P5 点,由于流速信号过于嘈杂,故未进行内坡平均切应力(τ_m)的计算。将试验期间测得的侵蚀上限前的土面侵蚀速率分别以内坡平均流速(v_m)和内坡平均切应力(τ_m)为横坐标绘制于图 7.26,由图可以看出,侵蚀速率与内坡平均流速(v_m)有更好的相关性。当然,该结论有两个限制条件:一个是水动力条件为波浪溢流;另一个是海堤内坡由高性能加筋草皮保护。那么,波浪溢流下的高性能加筋草皮侵蚀速率和内坡平均流速相关性更好的原因,以及该结论是否可以推广到其他条件,成为海堤内坡侵蚀概念模型需要进一步研究的问题。

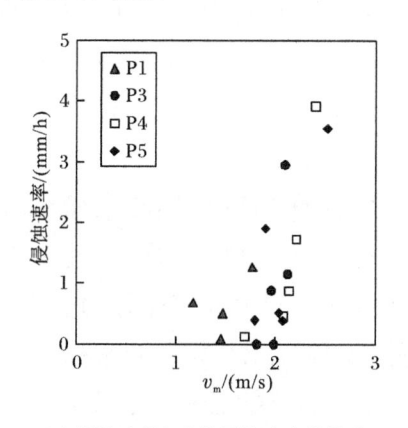

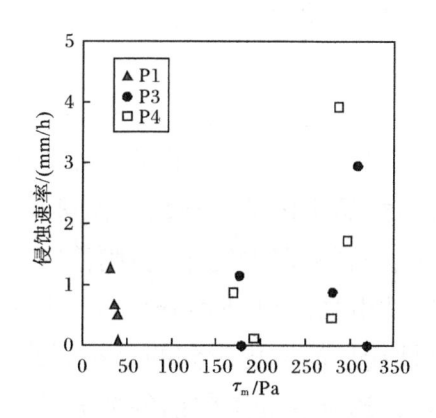

(a) 侵蚀速率与内坡平均流速的关系　　(b) 侵蚀速率与内坡平均切应力的关系

图 7.26　侵蚀速率与内坡平均流速和内坡平均切应力之间的关系

2. 初始侵蚀位置

溃堤过程是海堤防护的重要理论基础,而初始侵蚀是溃堤过程的重要环节,对其发生位置的准确判断对海堤防护有至关重要的意义。

对于海堤的初始侵蚀位置,很多学者给出了不同的答案。例如,Johnson 和 Illes[48]、MacDonald 和 Langridge-Monopolis[49]指出海堤侵蚀最开始发生于堤顶处出现的缺口;Ralston[50]和 Powledge 等[51]则认为海堤侵蚀最开始发生于堤趾处;Hahn 等[52]的研究则表明溃堤开始于海堤内坡上的冲沟。对于本试验的情况,从图 7.18 可以看出,土面侵蚀高度沿海堤内坡下降而增加(P1 点至 P5 点位置依次降低),虽未产生明显的破坏,但不难推断其表面破坏过程应始于接近堤趾的较低位置。那么,如何解释不同研究中的不同初始侵蚀位置,成为海堤内坡侵蚀概念模型所要解决的另一个问题。

7.2.2 高性能加筋草皮的侵蚀特征

通过 7.2.1 小节对关键控制参数和初始侵蚀位置的分析,明确了波浪溢流作用下高性能加筋草皮护坡的两点侵蚀特征:第一,其关键控制参数为内坡平均流速;第二,初始侵蚀位置在内坡接近堤趾的较低位置。

在海堤内坡侵蚀概念模型探讨之前,先对高性能加筋草皮的侵蚀特征进行分析。7.2.1 小节的分析表明,侵蚀速率和内坡平均流速相关性更好,故将侵蚀函数测定试验结果和大型水槽试验结果一起绘制在 Briaud 等基于流速的土的可蚀性分类图[39]中,如图 7.27 所示。由图可以看出,样品土体端主要落在高度可蚀性区,而样品草皮端和水槽试验结果(代表高性能加筋草皮)则落在中度可蚀性区。草皮的存在使土壤的可蚀性由高度可蚀性降低到中度可蚀性,从可蚀性分类图的角度来看,高性能加筋草皮起到的是相同作用;然而,图 7.27 所示的水槽试验数据点为达到侵蚀上限前的数据,结合 7.1.3 小节的分析,可以认为高性能加筋草皮上覆土层的可蚀度与普通草皮接近,但侵蚀上限的存在是其优于普通草皮的特征之一。

7.2.3 侵蚀机制和概念模型

为了解决现有海堤侵蚀溃堤研究中关于关键控制参数和初始侵蚀

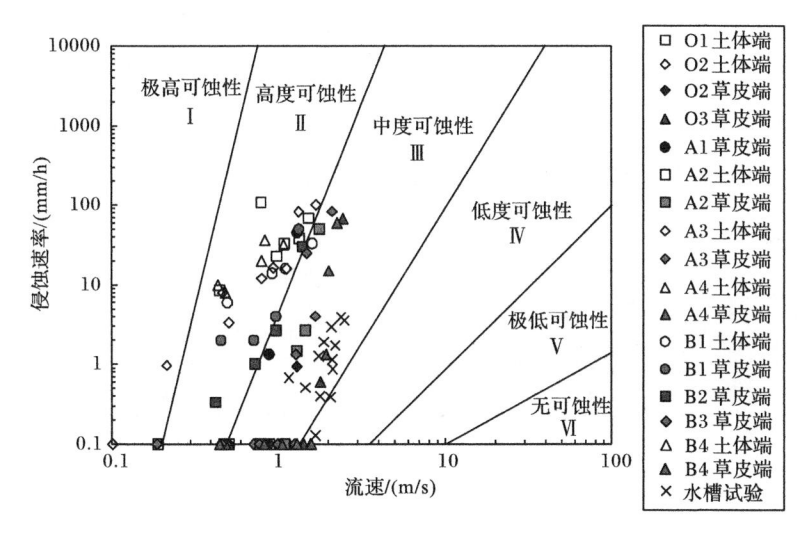

图 7.27 土体端、草皮端和高性能加筋草皮的可蚀性分区

位置的问题，通过定义两种不同的侵蚀机制，建立海堤侵蚀的概念模型。

海堤侵蚀概念模型定义了两种不同的侵蚀机制，包括颗粒侵蚀（particle erosion）和块侵蚀（block erosion），二者分别对应着两种造成侵蚀的作用力，即微观切应力（microscopic shear force）和宏观切应力（macroscopic shear force）。微观切应力是指作用在土颗粒上的切应力，由局部的紊动引起，其量级与平均水流流速相关；宏观切应力是指作用在海堤表面的水流切应力，可由圣维南方程组[15]求解。颗粒侵蚀由微观切应力引起，在颗粒侵蚀的过程中，土颗粒在微观切应力的作用下被一粒一粒带离海堤表面。因此，颗粒侵蚀是逐渐发生的，侵蚀程度与微观切应力、土颗粒的质量以及土颗粒之间相互作用的大小有关。当足够多的土颗粒被水流带离海堤表面时，出现冲沟或明显的坡面高度降低。块侵蚀由宏观切应力引起，在块侵蚀的过程中，当宏观切应力达到靠近海堤表面的某个薄弱结构面的抗剪强度时，一小块土壤会被水流从海堤表面带走，侵蚀开始发生。随着宏观切应力的增大和更多软弱结构面的暴露，更多的泥土以小块的形式被带走。如果宏观切应力继续增加，大块的泥土会被水流带走，之后溃坝发生。因此，块侵蚀一般会在较短的时间内发生,且发生位置在宏观切应力较大的位置。不同结构和类型的海堤对于微观切应力和宏观切应力有不同的抗侵蚀力,因此在不同波浪溢流实例中,侵蚀可能在海堤的不同位置开始发生。两种侵蚀机制的示意图如图7.28所示。

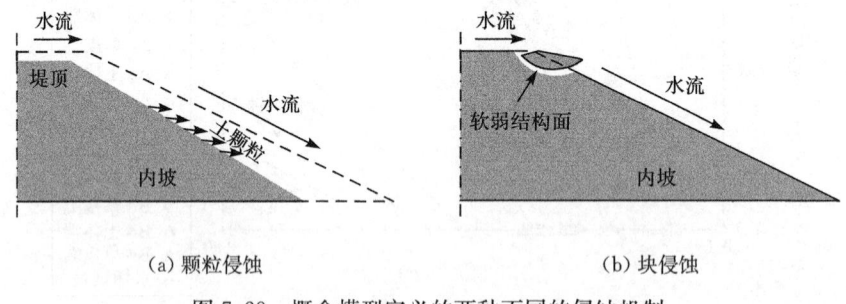

图 7.28　概念模型定义的两种不同的侵蚀机制

对于一个单独的溢流/越浪/波浪溢流事件,两种侵蚀机制都可能发生并导致海堤的破坏。颗粒侵蚀导致的破坏可以由一定深度的颗粒侵蚀或冲沟的形成来定义,块侵蚀导致的破坏可以由造成最软弱的结构面破坏的临界切应力来定义。对于高性能加筋草皮保护的海堤,其表面的抗剪强度被高性能加筋草皮中的生态加筋网很大程度上加强了,故块侵蚀难以发生,颗粒侵蚀却可以随着时间的推移逐渐明显。而颗粒侵蚀与平向流速而非宏观切应力相关,这就可以解释为什么在大型水槽试验中测得的堤顶和内坡的土壤侵蚀分布规律与内坡平均流速而非宏观切应力一致。

7.2.4　高性能加筋草皮的破坏模式与测试方法

为了研究高性能加筋草皮的破坏模式,对概念模型的两种侵蚀机制分别进行讨论。在海堤堤顶和内坡表面,生态加筋网能限制小块土壤被水流带离,阻止块侵蚀的发生,因此在高性能加筋草皮保护的海堤上,宏观切应力引起的破坏只可能是生态加筋网本身的破坏或生态加筋网从高性能加筋草皮中的撕离。注意到生态加筋网本身的强度(极限抗拉强度为 34.2kN/m,见 3.1.2 小节)远大于生态加筋网和土壤之间的结合力,故宏观切应力引起的高性能加筋草皮的破坏只可能是生态加筋网从高性能加筋草皮上的撕离,如图7.29(a)所示。当波浪溢流足够强时,由一个大浪引起的瞬间水流切应力可能会超过生态加筋网和高性能加筋草皮之间的结合力,导致生态加筋网从高性能加筋草皮中撕离开来,破坏发生。如果波浪溢流不足以在短时间内造成生态加筋网的撕离,高性能加筋草皮也可能在长时间的颗粒侵蚀的作用下导致最后的破坏。这种颗粒侵蚀导致的破坏需要两个条件:第一,水流至少要强到使高性能加筋草皮的侵蚀上限超过生态加筋网的厚度;第二,波浪溢流时间要长到足以使高性能加筋草皮被侵蚀到生态加筋网底部,如图7.29(b)所示。这样,生态加筋网和土壤之间的结合力消失,生态加筋网将会很容易被水流从土壤表面撕离,破坏发生。以上描述的是两种极限情况,事实上,高性能加筋草皮的破坏可能介于以上两种情况之间,如果水流没有强到将生态加筋网从初始状态的高性能加筋草皮上撕离,高性能加筋草皮将承受持续的颗粒侵蚀;在颗粒侵蚀过程中,随着生态加筋网中的土颗粒慢慢被侵蚀掉,生态加筋网与土壤之间的结合力会慢慢降低;如果在达到侵蚀上限之前,生态加筋网与土壤之间的结合力降低到能够被最大的波浪造成的瞬间宏观切应力所撕离,破坏便会提前发生,如图7.29(c)所示。因为高性能加筋草皮和生态加筋网之间的结合力通常会很大,所以,会造成较大的瞬间宏观切应力的越浪或者波浪溢流比稳定的溢流情况要危险得多。

(a) 生态加筋网的撕离　　(b) 颗粒侵蚀发展至　　(c) 颗粒侵蚀过程中发生
　　　　　　　　　　　　　　生态加筋网底部　　　　　生态加筋网的撕离

图7.29　高性能加筋草皮的破坏模式

根据上述高性能加筋草皮的破坏模式,与海堤内坡的高性能加筋草皮安全性相关的参数包括临界侵蚀流速(初始侵蚀发生)、侵蚀速率与流速关系、侵蚀上限与流速关系以及生态加筋网和高性能加筋草皮之间的结合力。临界侵蚀流速主要受到土的性质影响,可以用侵蚀函数测定仪或者小型水槽试验来测定。侵蚀速率和侵蚀上限均与流速有关,可以使用一系列流速不同的恒定流速小型实验室试验来测量[53],注意应使试验时间足够长以保证侵蚀量达到侵蚀上限。生态加筋网和高性能加筋草皮之间的结合力主要受生态加筋网中土层厚度的影响,因此,可以对生态加筋网中土层厚度不同的样品分别进行生态加筋网的拉拔试验,以获得生态加筋网与高性能加筋草皮在不同颗粒侵蚀程度时的结合力,如图 7.30 所示[54]。基于此测试方法,高性能加筋草皮的测试可以在实验室内的小型试验设施中进行,无须进行大型水槽试验。

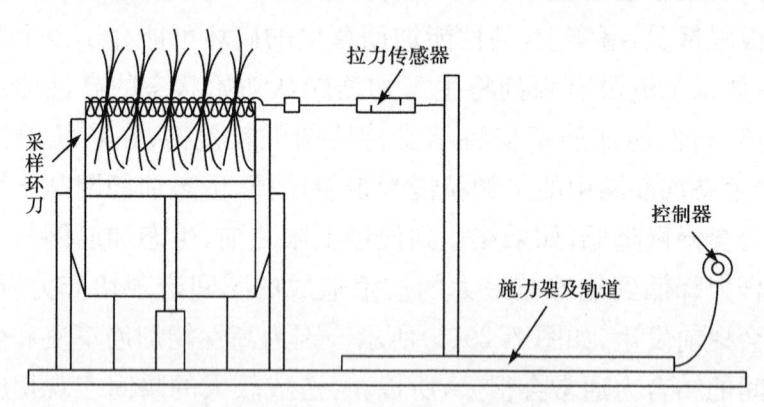

图 7.30　生态加筋网结合强度测试仪

参 考 文 献

[1] ASCE Hurricane Katrina External Review Panel. The New Orleans Hurricane Protection System:What Went Wrong and Why? [R]. Reston:American Society of Civil Engineers,2007.

[2] IPCC. Managing the Risks of Extreme Events and Disasters to Advance Climate Change Adaptation. A Special Report of Working Groups I and II of the Intergovernmental Panel on Climate Change[M]. Cambridge:Cambridge University Press,2012.

[3] Hughes S A. Levee overtopping design guidance:What we know and what we need[C]//Proceedings of the Solutions to Coastal Disasters Congress,Turtle Bay,2008:867-880.

[4] 潘毅. 海岸防护——人工养滩工程和海堤越浪、溢流和加固的研究[D]. 上海:同济大学,2012.

[5] 陈勇,史玉金,黎兵,等. 上海海堤沉降特征与驱动机制[J]. 海洋地质与第四纪地质,2016,(6):71-78.

[6] Baxter P J. The east coast Big Flood,31 January—1 February 1953:A summary of the human disaster[J]. Philosophical Transactions of the Royal Society of London A:Mathematical,Physical and Engineering Sciences,2005,363(1831):1293-1312.

[7] Dice D,Clopper P E,Vielleux M,et al. Hydraulic Stability of the ArmorflexTM Class 40-L Concrete Block Revetment System in Steep-slope,High-Velocity Flow[M]. Fort Collins:Ayres Associates,2000.

[8] 张同鑫,潘毅,张壮,等. 加筋生态护坡技术的应用与发展[J]. 水利水运工程学报,2017,(6):110-117.

[9] Chow V T. Open Channel Hydraulics[M]. New York:McGraw-Hill,1959.

[10] Chen Y H,Cotton G K. Design of Roadside Channels with Flexible Linings[R]. Washington DC:Federal Highway Administration,1988.

[11] Nelson R J. Research quantifies performance of TRM reinforced vegetation[C]//Proceedings of the Sessions of the Geo-Frontiers 2005 Congress,Austin,2005:1-11.

[12] Henderson F M. Open Channel Flow[M]. New York:MacMillian,1966.
[13] Kindsvater C E. Discharge Characteristics of Embankment-Shaped Weirs[R]. Washington DC:U.S. Government Printing Office,1964.
[14] Chen Y H, Anderson B A. Development of a methodology for estimating embankment damage due to flood overtopping[R]. Washington DC:Federal Highway Administration,1987.
[15] Sturm T W. Open Channel Hydraulics[M]. New York:McGraw-Hill Higher Education,2001.
[16] Schüttrumpf H,Oumeraci H. Layer thicknesses and velocities of wave overtopping flow at seadikes[J]. Coastal Engineering,2005,52(6):473-495.
[17] Owen M W. Design of Seawalls Allowing for Wave Overtopping[R]. Wallingford:HR-Wallingford,1980.
[18] Hedges T S, Reis M T. Random wave overtopping of simple sea walls:A new regression model[J]. Proceedings of the Institution of Civil Engineers-Water,Maritime and Energy,1998,130(1):1-10.
[19] Ward D L, Ahrens J P. Overtopping Rates for Seawalls[M]. Vicksburg:U.S. Army Engineer Waterways Experiment Station,1992.
[20] van der Meer J W,Janssen J P F M. Wave Run-up and Wave Overtopping at Dikes and Revetments[R]. Delft:Delft Hydraulics,1994.
[21] Pullen T,Allsop N W H,Bruce T,et al. EurOtop:Wave Overtopping of Sea Defences and Related Structures:Assessment Manual[R]. Bristol:Environment Agency/Utrecht:Expertise Netwerk Waterkeren/Hamburg:German Coastal Engineering Research Council,2007.
[22] van der Meer J W,Allsop N W H,Bruce T,et al. Manual on Wave Overtopping of Sea Defences and Related Structures[R]. Bristol:Environmental Agency/Hamburg:German Coastal Engineering Research Council/Amsterdam:Rijkswaterstaat/Utrecht:Expertise Network Waterkeren,2016.
[23] Schüttrumpf H,Möller J,Oumeraci H,et al. Effects of natural sea states on wave overtopping of seadikes[C]//Proceedings of the 4th International Symposium on Ocean Wave Measurement and Analysis, San Francisco,2001:1565-1574.
[24] 虞克,余广明. 斜坡堤越浪试验研究[J]. 水利水运科学研究,1992,(3):

211-219.

[25] 王红,周家宝,章家昌. 单坡堤上不规则波越浪量的估算[J]. 水利水运科学研究,1996,(1):58-63.

[26] 常江,柳淑学,李金宣,等. 滨海斜坡复式护岸断面波浪爬坡试验研究[J]. 大连理工大学学报,2015,(1):60-66.

[27] 闫科谛,张庆河. 栅栏板护面斜坡堤越浪数值模拟研究[J]. 中国港湾建设,2016,(2):16-19.

[28] Victor L, van der Meer J W, Troch P. Probability distribution of individual wave overtopping volumes for smooth impermeable steep slopes with low crest freeboards[J]. Coastal Engineering,2012,64:87-101.

[29] Nørgaard J Q H, Lykke Andersen T, Burcharth H F. Distribution of individual wave overtopping volumes in shallow water wave conditions[J]. Coastal Engineering,2014,83:15-23.

[30] Besley P. Wave Overtopping of Seawalls, Design and Assessment Manual [R]. Wallingford:HR Wallingford,1999.

[31] Reeve D E, Soliman A, Lin P Z. Numerical study of combined overflow and wave overtopping over a smooth impermeable seawall[J]. Coastal Engineering,2008,55:155-166.

[32] Hughes S A, Nadal N C. Laboratory study of combined wave overtopping and storm surge overflow of a levee[J]. Coastal Engineering,2009,56(3):244-259.

[33] Li L, Pan Y, Amini F, et al. Full scale laboratory study of combined wave and surge overtopping of a levee with RCC strengthening system[J]. Ocean Engineering,2012,54(1):70-86.

[34] Mansard E P D, Funke E R. The measurement of incident and reflected spectra using a least square method[C]//International Conference on Coastal Engineering,Sydney,1980:154-172.

[35] Mori N, Suzuki T, Kakuno S. Noise of acoustic Doppler velocimeter data in bubbly flow[J]. Journal of Engineering Mechanics,2007,133(1):122-125.

[36] Hanson G J, Cook K R, Britton S L. Observed erosion processes during embankment overtopping tests[C]//Proceedings of the 2003 ASAE International Annual Meeting,Las Vegas,2003.

[37] Briaud J L, Chen H C. Levee erosion by overtopping during Hurricane Katrina[C]//Proceedings of the 3rd International Conferrence on Scour and Erosion, London, 2006.

[38] Briaud J L, Ting F, Chen H C, et al. Erosion function apparatus for scour rate predictions[J]. Journal of Geotechnical and Geoenvironmental Engineering, 2001, 127(2):105-113.

[39] Briaud J L, Chen H C, Govindasamy A V. et al. Levee erosion by overtopping in New Orleans during the Katrina Hurricane[J]. Journal of Geotechnical and Geoenvironmental Engineering, 2008, 134(5):618-632.

[40] Moody L F. Friction factors et al for pipe flow[J]. Transactions of the American Society of Mechanical Engineers, 1944, 66:671-684.

[41] Pan Y, Kuang C P, Li L, et al, Full-scale laboratory study on distribution of individual wave overtopping volumes over a levee under negative freeboard [J]. Coastal Engineering, 2015, 97:11-20.

[42] Hughes S A, Thornton C I, van der Meer J W, et al. Improvements in describing wave overtopping processes[C]//Proceedings of the 33rd International Conference on Coastal Engineering, Cantabria, 2012.

[43] Pan Y, Li L, Amini F, et al. New understanding on the distribution of individual wave overtopping volumes over a levee under negative freeboard[J]. Journal of Coastal Research, 2016, SI(75):1207-1211.

[44] Pan Y, Li L, Amini F, et al. Full scale HPTRM strengthened levee testing under combined wave and surge overtopping conditions: Overtopping hydraulics, shear stress and erosion analysis[J]. Journal of Coastal Research, 2013, 29(1):182-200.

[45] Trowbridge J H. On a technique for measurement of turbulent shear stress in the presence of surface waves[J]. Journal of Atmospheric and Ocean Technology, 1998, 15:290-298.

[46] Pan Y, Li L, Amini F, et al. The influence of three levee-strengthening systems on overtopping hydraulic parameters and hydraulic equivalency analysis between steady and intermittent overtopping[J]. Journal of Waterway, Port, Coastal, and Ocean Engineering, 2013, 139(4):256-266.

[47] Pan Y, Li L, Amini F, et al. Overtopping erosion and failure mechanism of

earthen levee strengthened by vegetated HPTRM system[J]. Ocean Engineering, 2015, 96: 139-148.

[48] Johnson F A, Illes P. A classification of dam failures[J]. International Water Power & Dam Construction, 1976, 28(12): 43-45.

[49] MacDonald T C, Langridge-Monopolis J. Breaching characteristics of dam failures[J]. Journal of Hydraulic Engineering, 1984, 110(5): 567-586.

[50] Ralston D C. Mechanics of embankment erosion during overflow[C]//Proceedings of the 1987 ASCE National Conference on Hydraulic Engineering, Williamsburg, 1987: 733-738.

[51] Powledge G R, Ralston D C, Miller P, et al. Mechanics of overflow erosion on embankments. II: Hydraulic and design considerations[J]. Journal of Hydraulic Engineering, 1989, 115(8): 1056-1075.

[52] Hahn W, Hanson G J, Cook K R. Breach morphology observations of embankment overtopping tests[C]//Proceedings of the 2000 Joint Conference on Water Resources Engineering and Water Resources Planning and Management, Minneapolis, 2000: 1-10.

[53] Pan Y, Chen Y P, Zhang T X, et al. Laboratory study on erosion of vegetated HPTRM system under high-speed open-channel flow[J]. Journal of Waterway, Port, Coastal, and Ocean Engineering, 2018, 144(1): 04017038.

[54] 潘毅, 陈永平, 王倩, 等. 生态加筋网结合强度测试仪: ZL201510314089.3[P]. 2017-8-22.